ADMINISTRAÇÃO INDUSTRIAL E GERAL

HENRI FAYOL

ADMINISTRAÇÃO INDUSTRIAL E GERAL

PREVISÃO
ORGANIZAÇÃO
COMANDO
COORDENAÇÃO
CONTROLE

10ª EDIÇÃO

SÃO PAULO
EDITORA ATLAS S.A. – 2015

© 1989 by Editora Atlas S.A.

10. ed. 1990; 13. reimpressão 2015

Capa: Zenário A. de Oliveira

Dados Internacionais de Catalogação na Publicação (CIP)
(Câmara Brasileira do Livro, SP, Brasil)

Fayol, Henri, 1841-1925.
    Administração industrial e geral : previsão, organização, comando, coordenação, controle / Henri Fayol ; [tradução para o português de Irene de Bojano e Mário de Souza]. – 10. ed. – 13. reimpr. – São Paulo : Atlas, 2015.

    ISBN 978-85-224-0501-5

    1. Administração 2. Administração de pessoal 3. Administração industrial 4. Fayol, Henri, 1841-1925 I. Título.

CDD-658
-658.3

89-1260

Índices para catálogo sistemático:

    1. Administração de empresas 658
    2. Administração de pessoal : Administração de empresas 658.3
    3. Administração industrial 658

TODOS OS DIREITOS RESERVADOS – É proibida a reprodução total ou parcial, de qualquer forma ou por qualquer meio. A violação dos direitos de autor (Lei nº 9.610/98) é crime estabelecido pelo artigo 184 do Código Penal.

Depósito legal na Biblioteca Nacional conforme Lei nº 10.994, de 14 de dezembro de 2004.

Impresso no Brasil/*Printed in Brazil*

Editora Atlas S.A.
Rua Conselheiro Nébias, 1384 (Campos Elísios)
01203-904 São Paulo (SP)
Tel.: (011) 3357-9144
www.EditoraAtlas.com.br

Sumário

Breve estudo sobre Henri Fayol, 9
Atualidade de Henri Fayol, 11
Prefácio do autor, 19

PRIMEIRA PARTE – NECESSIDADE E POSSIBILIDADE DE ENSINO ADMINISTRATIVO, 21

1 – DEFINIÇÃO DE ADMINISTRAÇÃO, 23

    1º – Função técnica, 23
    2º – Função comercial, 24
    3º – Função financeira, 24
    4º – Função de segurança, 25
    5º – Função de contabilidade, 25
    6º – Função administrativa, 25

2 – IMPORTÂNCIA RELATIVA DAS DIVERSAS CAPACIDADES QUE CONSTITUEM O VALOR DO PESSOAL DAS EMPRESAS, 27

    Impressões diversas, 36

3 – NECESSIDADE E POSSIBILIDADE DE ENSINO ADMINISTRATIVO, 37

SEGUNDA PARTE – PRINCÍPIOS E ELEMENTOS DE ADMINISTRAÇÃO, 41

1 – PRINCÍPIOS GERAIS DE ADMINISTRAÇÃO, 43

    1º – Divisão do trabalho, 44
    2º – Autoridade e responsabilidade, 45
    3º – Disciplina, 46
    4º – Unidade de comando, 47
    5º – Unidade de direção, 49
    6º – Subordinação do interesse particular ao interesse geral, 49
    7º – Remuneração do pessoal, 50
        a) Pagamento por dia, 51
        b) Pagamento por tarefa, 51
        c) Pagamento por peça, 51
        d) Prêmios, 52
        e) Participação nos lucros, 53
        f) Subsídios em espécies – Instituições de bem-estar – Compensações honoríficas, 55
    8º – Centralização, 56
    9º – Hierarquia, 57
    10º – Ordem, 59
        Ordem material, 59
        Ordem social, 60
    11º – Eqüidade, 61
    12º – Estabilidade do pessoal, 61
    13º – Iniciativa, 62
    14º – União do Pessoal, 62
        a) Não se deve dividir o pessoal, 63
        b) Abuso das comunicações escritas, 63

2 – ELEMENTOS DE ADMINISTRAÇÃO, 65

    1º – Previsão, 65
        Caracteres gerais de um bom programa de ação, 66
        Modo de estabelecer o programa de ação em uma grande empresa mineira e metalúrgica, 69
        I) Previsões anuais, 68
        II) Previsões decenais, 68

III) Previsões especiais, 69

Vantagens e inconvenientes das previsões, 73

Condições e qualidades necessárias ao estabelecimento de um bom programa de ação, 74

1º – Arte de lidar com os homens, 75

2º – Atividade, 75

3º – Coragem moral, 75

4º – Estabilidade do pessoal dirigente, 75

5º e 6º – Competência profissional e conhecimento geral dos negócios, 75

Previsão nacional, 76

2º – Organização, 77

Missão administrativa do corpo social, 78

Constituição do corpo social, 79

A – Forma do corpo social em seus diversos graus de desenvolvimento – Semelhanças – Importância do fator individual – Analogias, 79

B – Órgãos ou membros do corpo social, 85

C – Agentes ou elementos constitutivos do corpo social, 96

Chefes de grandes empresas, 98

Chefes de empresas médias e pequenas, 100

Elementos do valor dos chefes e dos agentes, 101

1º – Saúde e vigor físico, 101

2º – Inteligência e vigor intelectual, 101

3º – Qualidades morais, 101

4º – Cultura Geral, 101

5º – Conhecimentos Administrativos, 102

6º – Noções sobre as outras funções, 102

7º – Competência profissional na especialidade característica da empresa, 102

Quadros de organização, 103

Recrutamento, 103

Formação dos agentes de empresas, 105

A – Função da escola, 106

1º – Ensino técnico superior, 106

Abuso da matemática, 108

Duração dos estudos, 113

Conselhos aos futuros engenheiros, 113

2º – Ensino secundário, 117
    a) Dirigido para o ensino universitário, 117
    b) Dirigido para o ensino especializado, 117
3º – Ensino primário, 118
    B – Função da oficina (do patrão), 118
    C – Função da família, 119
    D – Função do Estado, 120

3º – Comando, 120
    1º – Conhecimento profundo do pessoal, 121
    2º – Exclusão dos incapazes, 122
    3º – Conhecimento profundo dos convênios que regem a empresa e os agentes, 122
    4º – O bom exemplo do chefe, 123
    5º – Inspeções periódicas do corpo social, 123
    6º – Conferências e relatórios, 125
    7º – Não se deixar absorver pelos detalhes, 125
    8º – Incentivar no pessoal a união, a atividade, a iniciativa e o devotamento, 126

4º – Coordenação, 126
    Conferência semanal dos chefes de serviço, 127
    Agentes de ligação, 129

5º – Controle, 130

Apêndice – Discursos pronunciados por Henri Fayol e Haton de la Goupillière na sessão de encerramento do Congresso Internacional de Minas e Metalurgia, 133

Breve Estudo sobre Henri Fayol

Henri Fayol, engenheiro francês, nasceu em Constantinopla, em 1841. Estudou na Escola de Minas de Saint-Étienne e foi diretor de diversas sociedades de sua especialidade, em particular da Société Anonyme de Commentry-Fourchambault et Decazeville, que dirigiu de 1888 a 1918. Convencido da necessidade de organizar o pessoal das grandes empresas de modo racional, dedicou-se desde a juventude ao estudo dessa matéria, chegando a criar a doutrina que leva o seu nome.

Há bastante tempo compreendeu-se a necessidade de bons chefes em todos os tipos de atividade social. A oficina, a família, a administração pública e privada, todas requerem bons chefes. Essa necessidade imprescindível da organização de esforços se manifestou durante a Primeira Grande Guerra, e daí em diante a doutrina administrativa de Fayol, fundada em tais princípios, adquiriu tal popularidade e impulso, que nasceu o *fayolismo*.

O *fayolismo*, segundo um dos seus propagandistas, é "uma escola de chefes". Fayol pôs a serviço dessa idéia sua grande experiência industrial e pode-se dizer que seu êxito constitui principalmente em se colocar em lugar ao alcance de todos. A definição que ele dá à sua doutrina é esta: "Pode-se dizer que até agora o empirismo tem remado na administração dos negócios. Cada chefe dirige à sua maneira, sem se preocupar em saber se há leis que regem a matéria. É necessário introduzir o método experimental, como Cláudio Bernard introduziu na Medicina, isto é, observar, recolher, classificar e interpretar os fatos. Instituir experiências. Impor regras."

Fayol criou o Centro de Estudos Administrativos, onde se reuniam semanalmente pessoas interessadas na administração de negócios comerciais, industriais e governamentais.

Dessa colaboração nasceram diferentes estudos, consignados na bibliografia e devidos a Wilbois, Vanuxem, Carlioz, Fayol, Schatz, Pouydraguin e outros. O General Liautey distribui no Marrocos 2.000 exemplares de um folheto do Tenente-Coronel Bursaux, inspirado no *fayolismo*; Burnier criou, na Escola de Estudos Superiores Comerciais, vários cursos de Administração para oficiais da Intendência; e, por último, a doutrina e o método de Fayol foram ensaiados com sucesso na Administração Pública, adotados pelo Subsecretário de Estado francês, Luís Deschamps, para o serviço de Correios, Telégrafos e Telefones, e pelo Ministro da Defesa Nacional belga, Alberto Devèze, para o departamento por ele dirigido.

O *fayolismo* teve primordial cuidado em definir exatamente o chefe para isolar a função direcional das atividades diversas com as quais anda sempre misturada e freqüentemente confundida. Para o *fayolismo*, toda administração significa previsão, organização, mando, coordenação e fiscalização.

No começo de sua carreira como engenheiro de minas de Commentry, em 1860, Fayol adquiriu o costume de anotar diariamente os fatos que chamavam sua atenção. Dessas notas, sua comparação e suas conseqüências, nasceu o renomado livro desse autor: *Administração gerencial e industrial*, base de sua doutrina e de sua escola. Apenas o livro saiu a lume, foi um êxito enorme. Sucederam-se as consultas, os pedidos de conferências, a solicitação de criação de cursos, para responder a tantos pedidos.

"Minha doutrina administrativa," disse Fayol, "tem por objetivo facilitar a gerência de empresas, sejam industriais, militares ou de qualquer índole. Seus princípios, suas regras e seus processos devem, pois, corresponder tanto às necessidades do Exército como às da indústria".

Para Fayol, "a administração não é nem um privilégio nem uma carga pessoal do chefe ou dos diretores da empresa; é uma função que se reparte, como as outras funções especiais, entre a cabeça e os membros do corpo social". O princípio-base do *fayolismo* é este: "Em toda classe de empresas, a capacidade essencial dos agentes inferiores é a capacidade essencial dos grandes chefes, é uma capacidade administrativa."

Os princípios gerais da administração, para o *fayolismo*, são: a divisão do trabalho, a autoridade, a responsabilidade, a disciplina, a unidade de mando, a convergência de esforços, a estabilidade de pessoal e a remuneração adequada às capacidades.

Da Enciclopédia Espasa Calpe

Atualidade de Henri Fayol

Afirma-se que os franceses não sabem vender, desenvolver, difundir ou impor o que inventam. Essa ligação, esse ir-e-vir voluntário entre concepção, preparação e programação que corresponde à essência mesma do ato de administrar, não se ajustaria a seus talentos. Uma prova? A mais bela, talvez: o inventor da administração foi um francês. Seu pensamento, elaborado e definido na segunda metade do Século XIX, só se impôs quando retomado pelas *business schools* americanas, nos anos 60. Este paradoxo merece atenção e o autor, reparação.

Todas as obras americanas sobre história da administração e técnicas de gestão apresentam a biografia de Henri Fayol e, freqüentemente, dão-lhe a mesma importância que a Taylor. Na França, o dicionário *Petit Robert* não menciona o aspecto inovador da obra de Fayol, nem as intuições de seu autor. Taylor e Fayol, um americano, outro francês; o primeiro, célebre – célebre demais: quem não conhece o taylorismo e, hoje, não o condena? O segundo, pouco conhecido, pode-se dizer, desconhecido: dificilmente podemos evocar um sem o outro. Ambos pertencem à mesma época, à época do grande desenvolvimento industrial do Século XIX (Fayol, 1841-1925; Taylor, 1854-1915). Ambos falam com experiência, pois, sendo engenheiros, trazem novas soluções a problemas técnicos e organizacionais: máquinas-ferramentas e organização do trabalho nas oficinas (Taylor), exploração das minas e gestão geral das empresas (Fayol). A eficácia econômica confirma o valor de seus métodos. Um e outro conhecem o sucesso profissional. Mas a fama de ambos difere. Por quê?

Lendo este livro, somos imediatamente surpreendidos pela atualidade dos temas evocados e tratados por Fayol. Em primeiro lugar, a seqüência – prever, organizar, comandar, coordenar, controlar – pela qual ele define o que entende por administrar faz pensar em muitas obras americanas de gestão, em muitos artigos de revistas publicados pelas *business schools*. Em tais textos explica-se a administração por uma seqüência semelhante: *planning, organizing, staffing, directing, controlling*; ou, ainda: *to plan, to organize, to coordinate, to control*. Alguns desses textos escritos nos anos 60 ou 70 não hesitam em se revestir de um tom inovador e em se apresentar como uma moderna e nova maneira de abordar o assunto. Demos hoje a César... tanto mais que Fayol se interrogava: "É preciso introduzir na lista também o comando?"

Mas, além desses aspectos históricos, assinalaremos de imediato três aspectos essenciais do pensamento de Fayol:

- A administração ou o *management* é um método geral.
- A administração diz respeito ao governo das organizações.
- A administração repousa sobre o conceito de sistema.

Há setenta ou cem anos atrás, isso não era evidente.

Os anglo-saxões, quando traduzem, após a Segunda Guerra Mundial, o título *Administration Industrielle e Générale*, hesitam pouco; administração, no sentido empregado por Fayol, é igual a *management*. E o que diz Fayol é válido tanto para a indústria como para o setor terciário, tanto para as atividades de produção econômica como para toda ação coletiva organizada. Basta, aliás, modificar duas palavras da primeira frase, utilizadas, na época, para tornar manifesta sua atualidade. Coloquemos *management* em lugar de administração, e *organização* em lugar de negócios: "O *management* desempenha na direção de todas as organizações, grandes e pequenas, industriais, comerciais, políticas, religiosas ou outras, papel muito importante." Julgaríamos estar lendo o início de um anúncio para um curso de administração geral, numa das mais prestigiosas *business schools* americanas. Fayol foi um dos primeiros, se não o primeiro, a ter a intuição da necessidade de se constituir um corpo de saber baseado em certa prática, para que fosse aperfeiçoado e transmitido a todos que têm de gerir ou administrar uma organização, seja ela qual for. "A doutrina administrativa está por ser feita", diz Fayol. Ele propõe a pedra fundamental para construí-la. Percebeu perfeitamente o caráter original dessa doutrina, bem como sua finalidade específica, ou seja, a síntese entre as outras funções (técnicas, comerciais, financeiras etc.), a otimização entre elas, o impacto sociotécnico de seus efeitos: "traçar o programa geral de ação da empresa, constituir o corpo social, coordenar os esforços, harmonizar os atos".

Embora faça distinção entre direção, papel dos dirigentes e função de administração (de *management*), presentes em todos os níveis e nos mais variados graus, Fayol reconhece que a função de administração tem lugar tão marcante no papel dos dirigentes "que pode, às vezes, parecer que esse papel é puramente administrativo". Em outras palavras, dirigimos e governamos graças à administração, e dominando sua doutrina. Cabe a Fayol dar uma definição de dirigir ("conduzir a empresa para atingir sua meta, procurando aproveitar, da melhor maneira possível, todos os recursos de que ela dispõe"), que será retomada pelos cibernéticos e pelos teóricos de sistema nos anos 50 e, em seguida, pela escola de administração baseada na abordagem sistêmica (J. Forrester, C. W. Churchman).

Após observarmos até que ponto, na sua concepção de administração, Fayol esboçara certos traços entre os mais modernos do *General Management*, ao prosseguirmos esta releitura notaremos de imediato um segundo tema de atualidade, ao qual dá maior importância: o da *formação*, que desenvolve de maneira minuciosa, através de grande número de páginas (não pertencia ele ao Conselho de Aperfeiçoamento da École des Mines de Saint-Étienne, ou ao do Conservatório Nacional de Artes e Ofícios?).

Fayol apresenta, nesses Conselhos, recomendações múltiplas em relação à adaptação do ensino, no sentido de que este seja também uma preparação para a vida profissional. Seus propósitos fazem lembrar pontos de vista em perfeita consonância com os de alguns homens de visão hoje, como Alfred Sauvy, que insiste no fato de que, no desenvolvimento econômico, "o fator essencial não é o capital, mas o saber, acompanhado do saber fazer". Mas não se deve, por isso, atribuir a Fayol uma visão tecnocrática da questão: "Comete-se um grande erro quando se sacrifica, durante quatro ou cinco anos, a cultura geral necessária em benefício de um excesso de matemática."

Com efeito, o leitor corre o risco de surpreender-se com a crítica loquaz que Fayol já fazia ao ensino ministrado nas escolas de engenharia, e a sua inadequação às futuras funções do engenheiro. Quem poderia adivinhar, em "leitura cega", que suas páginas a esse respeito foram redigidas há setenta anos e repousam sobre uma experiência vivida há cem anos – pois Fayol tinha 75 anos quando o texto apareceu? Com que vigor critica ele a preponderância exclusiva da matemática: "abusa-se da matemática na crença de que, quanto mais a dominamos, mais aptos estamos para gerir os negócios e de que seu estudo, mas que qualquer outro, desenvolve e retifica a capacidade de julgar. Trata-se de erros que causam grandes prejuízos a nosso país; parece-me útil combatê-los." E zomba da ilusão que encerra a frase: "O valor dos engenheiros e dos chefes de indústria está diretamente relacionado ao número de anos que consagram ao estudo das matemáticas." Sensibilizado com o exclusivismo da cultura matemática da maioria dos alunos das grandes escolas de engenharia e com a sua incultura em ciências políticas, econômicas e sociais, ele precisa "... os chefes de indústria e os engenheiros... têm necessidade de saber falar e escrever; ... a regra de três sempre bastou aos homens de negócio. A iniciativa, a energia, o sentido das proporções, a coragem de assumir responsabilidades são qualidades muito mais necessárias..." "Uma longa experiência pessoal ensinou-me que o emprego das matemáticas superiores é inútil para gerir os negócios." Pesquisas recentes sobre a atividade concreta e o emprego do tempo dos dirigentes confirmam o ponto de vista de Fayol.

Engenheiro da École des Mines de Saint-Étienne (de onde saiu com 19 anos, em 1860), ele não pregava o obscurantismo, mas uma formação equilibrada, adaptada. Neste sentido, desejava o seguinte: "que os programas de matemática sejam reduzidos e que se introduzam no ensino noções de administração" (no sentido de *management*), isto após ter deplorado "a indiferença que se tem (pela contabilidade) nas grandes escolas", ressaltando que "saber comprar e vender é tão importante quanto saber fabricar bem". Henri Fayol, primeiro administrador francês? Sem dúvida alguma.

Por que ele não foi ouvido? Por que este "mau francês" se manifestou, apesar de uma trajetória apoiada num sucesso industrial brilhante (quando se tornou diretor geral da Commentry-Fourchambault, em 1888, a companhia estava passando por um período difícil; em 1918 ele se aposentou, deixando-a numa excelente situação financeira)? O próprio Fayol coloca esta questão e dá a resposta: "A única explicação plausível que encontrei, para o prestígio das matemáticas superiores em nosso país, é a seguinte: a escola politécnica..." Por causa de seu prestígio "muito grande e justificado", todas as instituições querem imitá-la; "as famílias, os dirigentes do ensino orientam todas as crianças inteligentes para este fim. É preciso que se tome aqui o efeito pela causa, "pois sem os privilégios reservados pelo governo aos alunos desta escola seu prestígio teria desaparecido logo; não seria a matemática que o iria sustentar". Fayol acrescenta, não sem ironia: "Fiquei triste ao constatar que a opinião geral atribui esta prática à facilidade de classificação que as matemáticas dão aos examinadores." Alguns poderão inclinar-se a pensar que, sem esta polêmica, sem esta crítica de uma instituição essencial à persistência do sistema tradicional de poder na sociedade francesa, a obra de Fayol talvez tivesse sido amplamente difundida e, conseqüentemente, a administração moderna que ela traz dentro de si ter-se-ia desenvolvido antes na França que nos Estados Unidos.

Com efeito, a administração vai tornar-se fundamental para o desenvolvimento econômico: "É preciso, pois, estabelecer uma doutrina administrativa o mais cedo possível." Em 150 páginas, Fayol esboça as orientações para esta doutrina. Por exemplo:

- *Importância da previsão*: sistemas de previsão – anual, de longo prazo, mensal, especial, fundidos e harmonizados num programa geral; e mesmo aí Fayol mostra seu senso administrativo: "ao fazer este trabalho, o pessoal aumenta seu valor de ano para ano e, no fim de certo tempo, achar-se-á superior ao que era antes".

- *Preocupação de combater a burocratização*: favorecer as relações face a face "sempre que possível, as relações devem ser verbais. Com isto, ganha-se em rapidez, clareza e harmonia"; evitar a multiplicação dos escalões intermediários; lutar contra a irresponsabilidade da hierarquia e dos dirigentes "sem estabilidade do pessoal dirigente não pode haver bom programa em andamento"; e mais: "não se concebe autoridade sem responsabilidade, isto é, sem uma sanção – recompensa ou penalidade – que acompanha o exercício do poder". Esta luta contra a burocracia e a irresponsabilidade pode exigir o afastamento "de um antigo funcionário muito bem posicionado," o que não está "ao alcance do primeiro que chega". É preciso lembrar, a este respeito, que Fayol é também autor de um livro publicado em 1921 – *L'incapacité industrielle de l'État: les P.T.T.*, em que retoma sua linha de estudo sobre este tipo de administração, cujas principais insuficiências coloca em pauta desde as primeiras páginas:. "Na direção, um Subsecretário de Estado instável e incompetente, nenhum programa de ação de longo prazo; nenhum balanço; intervenção abusiva e excessiva dos parlamentares; nenhum estímulo para o zelo; nenhuma recompensa pelos serviços prestados; ausência de responsabilidade."

- *Pragmatismo*: "A divisão do trabalho tem limites que a experiência, acompanhada de espírito propenso a efetuar medições, ensina a não transpor." Havia também pragmatismo na maneira pela qual elaborou sua doutrina, a partir de 1861, anotando diariamente, durante 50 anos, o ensinamento, a regra geral que podia tirar de todos os incidentes observados em sua atividade profissional.

- Necessidade de recorrer a *controllers* de gestão e a fórmulas de controle rápidas, para prevenir "contra surpresas desagradáveis, que poderiam degenerar-se em catástrofes".

Não há dúvida de que hoje podemos criticar Fayol por importantes lapsos em seu esboço, ou pela submissão excessiva ao espírito da época e à ideologia burguesa de então. Elaborado no fim do Século XIX, seu livro traz as marcas desse período: moralismo ultrapassado, apelo aos valores tradicionais – trabalho, família, pátria – para regulamentar os problemas da industrialização. Pode ser até engraçada a leitura das recomendações que faz aos futuros engenheiros, incluindo aí o próprio casamento ("vocês pertencem à elite intelectual").

Será que só devemos ver uma atitude paternalista em suas observações referentes aos trabalhadores? ... "diante dos operários, observar uma atitude de polidez e de receptividade ... lembrem-se de que em todos os meios sociais encontram-se pessoas inteligentes". Afinal de contas, é preciso ressaltar estas palavras, numa época de industrialização selvagem, de realizações sociais difíceis em face de um patronato francês que fez de tudo – contrariamente ao patronato inglês e alemão – para não ter de reconhecer o mundo operário como interlocutor. Além do mais, convém lembrar que Fayol recomenda um conhecimento aprofundado do pessoal e das convenções que ligam a empresa e seus agentes, bem como as inspeções periódicas do corpo social. Essas indicações permanecem ainda válidas para muitas empresas de hoje. Se tivessem sido ouvidas e aplicadas na época, a face do mundo industrial francês talvez sofresse mudanças.

Diante dessa premonição, dessas intuições, desse modernismo, pode-se perguntar: Por que Fayol, o precursor, não conheceu o sucesso, a fama à qual parecia destinado pela publicação de um texto com tanta riqueza em potencial? Fayol estava, sem dúvida, muito além de seu tempo. Não se sentia, então, a necessidade de uma teoria geral da administração, de uma doutrina administrativa. Em parte, por causa do sucesso do taylorismo; em parte, também, por causa da Primeira Guerra Mundial. Como narra Claude S. George, em sua excelente obra

The history of management thought (Prentice-Hall, Inc., 1968): Um engenheiro francês, Charles de la Poix, de Fréminville, havia encontrado Taylor em 1912 e, impressionado, convertera-se ao taylorismo, difundindo na França os princípios e os métodos de organização taylorista do trabalho. Taylor também devia contar, na França, com outro promotor muito ativo de suas idéias, o químico e metalurgista Henry Le Chatelier, especialista em estruturas metálicas e em ligas. Além disso, o Ministro da Guerra, Georges Clémenceau, recomendou vivamente a utilização dos princípios do taylorismo para acelerar a produção militar; e o Ministro dos Armamentos, Albert Thomas, deputado socialista e colaborador de Jaurès, organizou a mobilização industrial, impondo o taylorismo, principalmente nos setores de metalurgia e mecânica.

Na França, a eficácia das tropas americanas na construção de docas, de estradas de ferro e no planejamento de campos acabou por assegurar o prestígio dos métodos do taylorismo. Para todos, a produtividade e a eficácia tinham sua fonte exclusiva em Taylor. Se excetuarmos alguns especialistas, entre eles está Fayol. Seus escritos, publicados na revista *Le Bulletim de La Société de l'Industrie Minérale*, em 1916, só foram editados em 1925, ano de sua morte.

Da mesma forma que a doutrina de Fayol difundiu-se entre os *experts* americanos, assim também os anglo-saxões, com espanto e admiração, descobriram, a partir de 1949 (data da primeira edição em língua inglesa),[1] *The French pionner*, bem como o valor de suas proposições. Reconhecem hoje que Fayol foi o primeiro a estabelecer *"a compreensiva statement of a general theory of management"*. Como explicam, os dois grandes teóricos da administração estabeleceram mais ou menos paralelamente suas doutrinas, um partindo do alto (Fayol) e o outro, da base (Taylor). Como inicialmente havia necessidade de organizar a produção, as oficinas, a tendência foi seguir a doutrina de Taylor, donde o seu sucesso. Mas hoje estuda-se Fayol nas escolas de administração americanas, pois o pai da administração moderna é um francês. O patronato, os dirigentes, os engenheiros franceses não souberam aproveitar esta oportunidade. E, cúmulo da ironia, quando eram questionados sobre administração, quando ainda hoje se toca no assunto, alguns deles exclamam: é americanismo, bom para americanos... R. Braun, Secretário Geral do Comitê Internacional da Organização Científica, por ocasião do cinqüentenário da publicação da doutrina de Fayol, constatou: "Por estranha ironia do destino, os conselheiros americanos que foram à França após a Segunda Guerra Mundial – durante o período da reconstrução e do Plano Marshall – para ajudar no reerguimento industrial, ensinaram aos dirigentes franceses o que o francês Fayol publicara trinta anos antes, na França". E tal ensinamento continuou sendo reforçado com o estágio de franceses nas escolas de administração americanas. Alguns, para explicar a cegueira em relação ao fayolismo, recorrerão à burocracia: os franceses decidi-

---

1. *General and industrial management*, Pitman, 1949.

damente não teriam o gênio da indústria, do *business*, do desenvolvimento econômico, da ousadia, da concorrência. Eles só se submeteriam a isto constrangidos e forçados. Neste sentido, não souberam perceber, antes dos outros, a arma dos tempos modernos, da disciplina válida para todos: a administração. E não reconheceram o precursor, o pioneiro entre eles: um deles, Henri Fayol.

PIERRE MORIN
Diretor Adjunto do Instituto para o Desenvolvimento dos Recursos Humanos da Empresa
Paris, 1979.

Prefácio do Autor

A administração constitui fator de grande importância na direção dos negócios: de todos os negócios, grandes ou pequenos, industriais, comerciais, políticos, religiosos ou de outra qualquer índole. Exponho neste livro minhas idéias relativas à maneira por que ela deveria ser exercida.

Meu trabalho será dividido em quatro partes:

1ª) Necessidade e possibilidade de um ensino administrativo.

2ª) Princípios e elementos de administração.

3ª) Observações e experiências pessoais.

4ª) Lições da guerra.[1]

As duas primeiras partes constituem o desenvolvimento de uma conferência que fiz por ocasião do cinqüentenário da Societé de l'Industrie Minérale, em Saint-Étienne, em 1908.

A 3ª e a 4ª partes formarão um 2º volume, que pretendo publicar a seguir.[2]

O AUTOR

---

1. Primeira Guerra Mundial, 1914-1918. (N. do T.)
2. O 2º volume não foi publicado.

Primeira Parte
Necessidade e Possibilidade de Ensino Administrativo

1 – Definição de administração
2 – Importância relativa das diversas capacidades que constituem o valor do pessoal das empresas
3 – Necessidade e possibilidade de ensino administrativo

Definição de Administração

O conjunto das operações de toda empresa pode ser dividido em seis grupos, a saber:

1º) Operações *técnicas*: produção, fabricação, transformação.
2º) Operações *comerciais*: compras, vendas, permutas.
3º) Operações *financeiras*: procura e gerência de capitais.
4º) Operações de *segurança*: proteção de bens e de pessoas.
5º) Operações de *contabilidade*: inventários, balanços, preços de custo, estatística etc.
6º) Operações *administrativas*: previsão, organização, direção, coordenação e controle.

Esses seis grupos de operações ou *funções essenciais* existem sempre em qualquer empresa, seja ela simples ou complexa, pequena ou grande.

Os cinco primeiros grupos são bem conhecidos. Poucas palavras bastarão para delimitar as respectivas atribuições. O grupo *administrativo* requer explicação mais ampla.

1º Função Técnica

O número, a variedade e a importância das operações técnicas, a circunstância de que os produtos de qualquer natureza (materiais, intelectuais, morais) saem geralmente das mãos do técnico, o ensino quase exclusivamente técnico de nossas escolas profissionais, as oportunidades concedidas aos técnicos, tudo contribui para dar à função técnica e, por conseguinte, à *capacidade técnica*, importância excessiva, em detrimento das outras capacidades, tão necessárias e às vezes até mais úteis ao desenvolvimento e à prosperidade das empresas.

Entretanto, a função técnica nem sempre é a mais importante de todas. Mesmo nas empresas industriais, há circunstâncias em que qualquer das outras funções pode ter influência muito maior no desenvolvimento da empresa do que a função técnica.

É preciso recordar sempre que as seis funções essenciais vivem em estreita interdependência. A função técnica, por exemplo, não pode subsistir sem matérias-primas e sem mercados para seus produtos, sem capitais, sem garantias e sem previsão.

2º Função Comercial

A prosperidade de uma empresa industrial depende tanto da função comercial quanto da função técnica; se o produto não se vende, temos a ruína.

Saber comprar e vender é tão importante como saber fabricar bem.

A habilidade comercial, unida à sagacidade e à decisão, implica profundo conhecimento do mercado e da força dos concorrentes, grande previsão e, nas empresas importantes, aplicação cada vez mais freqüente de combinações.

Finalmente, quando alguns produtos passam, em uma mesma empresa, de um serviço a outro, a função comercial zela para que os preços fixados pela autoridade superior – os chamados *preços de encomenda* – não sejam a fonte de perigosas ilusões.

3º Função Financeira

Nada se faz sem sua intervenção. O capital é necessário para o pagamento de salários, para a aquisição de imóveis, utensílios e matérias-primas, para o pagamento de dividendos, para a realização de melhorias, para a constituição de reservas etc. É indispensável hábil gestão financeira para o aumento de capital, a fim de tirar o melhor partido possível das disponibilidades e evitar aplicações imprudentes de capital.

Muitas empresas que poderiam ter tido vida próspera morreram porque em determinado momento lhes faltou o dinheiro.

Nenhuma reforma, nenhuma melhoria é possível sem disponibilidades ou sem crédito.

Constitui condição essencial de êxito ter constantemente a vista a situação financeira da empresa.

4º Função de Segurança

Sua missão é proteger os bens e as pessoas contra o roubo, o incêndio e a inundação, e evitar as greves, os atentados e, em geral, todos os obstáculos de ordem social que possam comprometer o progresso e mesmo a vida da empresa.

É o olho do patrão o cão de guarda, numa empresa rudimentar; é a polícia e o exército, num Estado. É, de modo geral, toda medida que dá à empresa a segurança e ao pessoal a tranqüilidade de espírito de que tanto precisa.

5º Função de Contabilidade

Constitui o órgão de visão das empresas. Deve revelar, a qualquer momento, a posição e o rumo do negócio. Deve dar informações exatas, claras e precisas sobre a situação econômica da empresa.

Uma boa contabilidade, simples e clara, que dê idéia exata das condições da empresa, é poderoso meio de direção.

Para esta função, como para as outras, é necessário certa iniciação. A indiferença que se lhe dispensa, nas grandes escolas industriais, demonstra que não se apreciam devidamente os serviços que ela presta.

6º Função Administrativa

Nenhuma das cinco funções precedentes tem o encargo de formular o programa geral de ação da empresa, de constituir o seu corpo social, de coordenar os esforços, de harmonizar os atos. Essas operações não fazem parte das atribuições de caráter técnico, e tampouco das funções comercial, financeira, de segurança ou de contabilidade. Elas constituem outra função, designada habitualmente sob o nome de *administração*, cujas atribuições e esfera de ação são muito mal definidas.

A *previsão*, a *organização*, a *coordenação* e o *controle* fazem parte, não há dúvida, da administração, de acordo com o conceito corrente desse termo.

É necessário incluir também entre elas o comando? Não é imprescindível; poder-se-ia estudá-lo à parte. Não obstante, decidi-me a incorporá-lo à administração pelas seguintes razões:

1ª) O recrutamento, a formação do pessoal e a constituição do corpo social, que são encargos da administração, têm íntima relação com a função de comando.

2ª) A maior parte dos princípios de comando são princípios de administração. Administração e comando têm entre si relação muito estreita. Do ponto de vista da facilidade do estudo, há interesse em agrupar essas duas classes de funções.

3ª) Esse agrupamento, ademais, dá origem a uma função muito importante, digna de atrair e reter a atenção do público, tanto quanto a *função técnica*.

Adotei, pois, as seguintes definições:

Administrar é prever, organizar, comandar, coordenar e controlar.

Prever é perscrutar o futuro e traçar o programa de ação.

Organizar é constituir o duplo organismo, material e social, da empresa.

Comandar é dirigir o pessoal.

Coordenar é ligar, unir e harmonizar todos os atos e todos os reforços.

Controlar é velar para que tudo corra de acordo com as regras estabelecidas e as ordens dadas.

Assim compreendida, a *administração* não é nem privilégio exclusivo nem encargo pessoal do chefe ou dos dirigentes da empresa; é uma função que se reparte, como as outras funções essenciais, entre a cabeça e os membros do corpo social.

A função *administrativa* distingue-se claramente das outras cinco funções essenciais. É necessário não confundi-la com a *direção*.

Dirigir é conduzir a empresa, tendo em vista os fins visados, procurando obter as maiores vantagens possíveis de todos os recursos de que ela dispõe; é assegurar a marcha das seis funções essenciais.

A *administração* não é senão uma das seis funções, cujo ritmo é assegurado pela direção. Mas ocupa tão grande lugar nas funções dos altos chefes que, às vezes, pode parecer que elas sejam exclusivamente administrativas.

2
Importância Relativa das Diversas Capacidades que Constituem o Valor do Pessoal das Empresas

A cada grupo de operações, ou função essencial, corresponde uma *capacidade* especial. Existem a capacidade técnica, a capacidade comercial, a capacidade financeira, a capacidade administrativa etc.

Cada uma dessas capacidades repousa num conjunto de qualidades e conhecimentos que podem ser assim resumidos:

1º) *Qualidades físicas*: saúde, vigor, destreza.

2º) *Qualidades intelectuais*: aptidão para compreender e aprender, discernimento, força e agilidade intelectuais.

3º) *Qualidades morais*: energia, firmeza, coragem de aceitar responsabilidades, iniciativa, decisão, tato, dignidade.

4º) *Cultura geral*: conhecimentos variados que não são exclusivamente do domínio da função exercida.

5º) *Conhecimentos especiais*: relativos unicamente à função, seja ela técnica, comercial, financeira, administrativa etc.

6º) *Experiência*: conhecimento resultante da prática dos negócios. É a lembrança das lições que os fatos proporcionam a todos nós.

Tal é o conjunto das qualidades e conhecimentos que formam qualquer das capacidades essenciais; esse conjunto compreende qualidades físicas, intelectuais e morais, cultura geral, experiência e certos conhecimentos especiais, referentes à função a desempenhar.

A importância de cada um dos elementos que compõem a capacidade se relaciona com a natureza e a importância da função.

Na empresa rudimentar, onde todas as funções são desempenhadas por uma só pessoa, a extensão das capacidades necessárias é evidentemente reduzida.

Na grande empresa, em que se realizam operações importantes e variadas, o pessoal deve ser dotado de inúmeras capacidades, altamente desenvolvidas; mas, como as funções são divididas entre grande número de agentes, cada um deles, geralmente, não é obrigado a desempenhar senão uma parte reduzida das capacidades exigidas do conjunto.

Embora esta matéria não se preste para avaliação numérica, tratei de traduzir em números a importância relativa de cada capacidade no valor dos agentes e dos chefes de empresa.

No primeiro quadro (n° 1), comparei as capacidades necessárias aos diversos agentes da função *técnica* de uma grande empresa *industrial*.

No segundo quadro (n° 2), comparei as capacidades necessárias aos diferentes chefes de empresas *industriais* de qualquer importância.

Depois de constatar que as conclusões tiradas do primeiro quadro são aplicáveis aos agentes de todas as funções da empresa industrial e que as tiradas do segundo quadro são aplicáveis aos chefes de toda classe de empresa, cheguei às seguintes conclusões gerais:

Em todas as classes de empresas, a capacidade essencial dos agentes inferiores é a capacidade profissional característica da empresa, e a capacidade essencial dos grandes chefes é a capacidade administrativa.

Quadro n° 1

Importância relativa das capacidades necessárias ao pessoal de função técnica de uma grande empresa industrial

Esse pessoal constitui a seguinte série hierárquica: *operários, contramestres, chefes de oficina, chefes de divisão, chefes de serviço* e *diretor*.

Se a empresa compreende vários estabelecimentos distintos e de importância, a série hierárquica termina em um *diretor-geral*.

Se a empresa é uma indústria do Estado, a escala hierárquica continua até ao *chefe de Estado*, passando por um *ministro*.[1]

O quadro n° 1 indica a parte relativa a cada uma das capacidades essenciais que formam o valor total de um agente qualquer.

---

1. Deve-se lembrar o caráter unitário da organização política francesa; esse postulado não se aplica ao caso do Brasil, república federativa. (N. do T.)

Esse valor total é representado em todos os casos, para um agente perfeito, por 100, quer se trate de operários, de chefe de serviço ou de chefe de Estado.

Convém notar que não se trata aqui de comparar o valor de um operário com o de um contramestre, de um diretor ou de um chefe de Estado. Não há uma medida comum entre esses valores. As unidades *a, b, c, d, . . . m, n, o, p, . . .* não são da mesma natureza nem da mesma importância; seus elementos constitutivos se transformam ao passar de um nível hierárquico a outro, de tal maneira que termina por não haver nada de comum entre a capacidade – técnica, administrativa ou qualquer outra – de um agente inferior e a capacidade idêntica de um grande chefe. Não tratei de expressar nos quadros de nºs 1 a 5 senão a importância *relativa* das diversas capacidades que formam o valor total de um agente.

Os coeficientes atribuídos às diferentes capacidades que formam o valor total de um agente qualquer, seja qual for a categoria à qual pertença, demonstram minha opinião pessoal; são, por conseguinte, discutíveis e estou certo de que serão discutidos. Creio, entretanto, que, quaisquer que sejam as divergências de apreciação surgidas, as conclusões tiradas do quadro nº 1 subsistirão totalmente.

Eis aqui essas conclusões:

1ª) A capacidade principal do *operário* é a capacidade *técnica*.

2ª) À medida que alguém se eleva na escala hierárquica, a importância relativa da capacidade *administrativa aumenta*, enquanto a capacidade técnica diminui. A equivalência entre essas duas capacidades se estabelece ao nível do 3º ou 4º graus.

3ª) A capacidade principal do *diretor* é a capacidade *administrativa*. Quanto mais elevado é o nível hierárquico, mais essa capacidade domina.

4ª) As capacidades *comercial, financeira,* de *segurança* e de *contabilidade* têm sua máxima importância nos agentes do 5º ou 6º graus hierárquicos.

À medida que se sobe na escala hierárquica, a importância dessas capacidades (comercial, financeira etc.) no valor de cada categoria de agentes vai diminuindo e tende a nivelar-se.

5ª) A partir do 4º ou 5º grau hierárquico o coeficiente *administrativo* aumenta à custa dos outros, que diminuem e se aproximam do décimo do valor total.

As conclusões precedentes foram tiradas unicamente do exame das capacidades do pessoal de função técnica, desde o operário até o chefe da empresa.

Nenhum dos membros desse pessoal tem funções exclusivamente técnicas; todos prestam concurso mais ou menos amplo às outras funções e acabamos de ver que os altos chefes são mais administradores que técnicos.

QUADRO Nº 1

Importância relativa das diferentes capacidades necessárias aos chefes das empresas industriais.

GRANDE EMPRESA
Pessoal de função técnica

CATEGORIAS DE AGENTES	Administrativa	Técnica	Comercial	Financeira	de Segurança	de Contabilidade	VALOR TOTAL
Grande estabelecimento:							
Operário	5	85	,,	,,	5	5	100 (a)
Contramestre	15	60	5	,,	10	10	100 (b)
Chefe de oficina	25	45	5	,,	10	15	100 (c)
Chefe de divisão	30	30	5	5	10	20	100 (d)
Chefe do serviço técnico ...	35	30	10	5	10	10	100 (e)
Diretor	40	15	15	10	10	10	100 (f)
Vários estabelecimentos reunidos:							
Diretor-geral	50	10	10	10	10	10	100 (g)
Indústria de Estado:							
Ministro	50	10	10	10	10	10	100 (h)
Chefe de Estado	60	8	8	8	8	8	100 (i)

O exame das capacidades do pessoal que desempenha as outras funções de uma grande empresa industrial – *comercial, financeira,* de *segurança* ou de *contabilidade* – dá lugar a observações semelhantes e a conclusões idênticas, devendo ser simplesmente substituída a expressão *capacidade técnica* por *capacidade característica da função.*

Qualquer que seja a função de que se trate, a capacidade principal dos agentes inferiores é a capacidade *característica* da função (técnica na função industrial, comercial na função comercial, financeira na função financeira etc.) e a capacidade principal dos agentes superiores é a capacidade *administrativa.*

QUADRO Nº 2

Importância relativa das diferentes capacidades necessárias aos chefes de empresas industriais.

EMPRESAS INDUSTRIAIS DE QUALQUER IMPORTÂNCIA
Chefes de empresa

CATEGORIAS DE CHEFES	Administrativa	Técnica	Comercial	Financeira	de Segurança	de Contabilidade	VALOR TOTAL
Empresa rudimentar	15	40	20	10	5	10	100 (m)
Pequena empresa	25	30	15	10	10	10	100 (n)
Empresa média	30	25	15	10	10	10	100 (o)
Grande empresa	40	15	15	10	10	10	100 (p)
Empresa muito grande	50	10	10	10	10	10	100 (q)
Empresa do Estado	60	8	8	8	8	8	100 (r)

Quadro nº 2

Importância relativa das capacidades necessárias aos chefes das empresas industriais de qualquer magnitude

Esse quadro observou a mesma formação do precedente.

O valor total de um bom chefe é representado por 100.

Os coeficientes atribuídos às diferentes capacidades dos chefes de qualquer categoria são a expressão de meu critério pessoal.

Podem se tirar desse quadro as seguintes conclusões:

1ª) A capacidade principal do chefe da *pequena* empresa industrial é a capacidade *técnica*.

2ª) À medida que se sobe na escala hierárquica do pessoal das empresas, a importância relativa da capacidade *administrativa aumenta*, enquanto a da capacidade *técnica diminui*.

Observa-se a equivalência entre essas duas capacidades nas empresas de importância média.

3ª) A capacidade principal dos chefes das grandes empresas é a capacidade *administrativa*. Quanto mais importante é a empresa tanto mais predomina a capacidade administrativa.

4ª) As capacidades *comercial* e *financeira* exercem papel muito mais importante entre os chefes da pequena e da média empresa que entre os agentes inferiores e médios de função técnica.

5ª) À medida que se sobe na escala hierárquica do pessoal das empresas, o coeficiente *administrativo* aumenta, em detrimento da maior parte dos outros que tendem a nivelar-se e aproximam-se do décimo do valor total.

Excetua-se a diferença de que todos os chefes de empresas, mesmo nas de menor importância, têm necessidade das capacidades *comercial* e *financeira*, enquanto os agentes inferiores do quadro nº 2 se assemelham singularmente às tiradas do quadro nº 1.

O fato mais marcante posto em evidência por esses dois quadros é o seguinte:

A capacidade *técnica* é a principal capacidade dos agentes inferiores da grande empresa e dos chefes da pequena empresa industrial; a capacidade *administrativa* é a principal capacidade dos grandes chefes. A capacidade *técnica* domina na base da escala hierárquica industrial e a capacidade *administrativa*, no ápice.

Esse fato, do ponto de vista da organização e da direção dos negócios, tem tanta importância que não hesitei em multiplicar a forma de sua divulgação.

Para esse fim, organizei os quadros numéricos 1 e 2, assim como os gráficos de nºs 3 e 4, os quais traduzem, sob outra forma, o conteúdo dos quadros de nºs 1 e 2. Têm a mesma finalidade do quadro nº 5: *importância relativa das diferentes capacidades necessárias às diversas categorias de agentes de uma grande empresa metalúrgica*.

Todos esses quadros têm a finalidade de chamar a atenção pública para a importância da função *administrativa* nas empresas industriais. Já, há muito tempo, deram à função *técnica* seu justo valor. Mas só ela não basta para assegurar a boa marcha dos negócios, precisando do concurso das outras funções essenciais, particularmente da função *administrativa*.

QUADRO Nº 3

Importância relativa das diversas capacidades necessárias ao pessoal das empresas industriais

Capacidades necessárias do pessoal de função técnica de uma grande empresa.

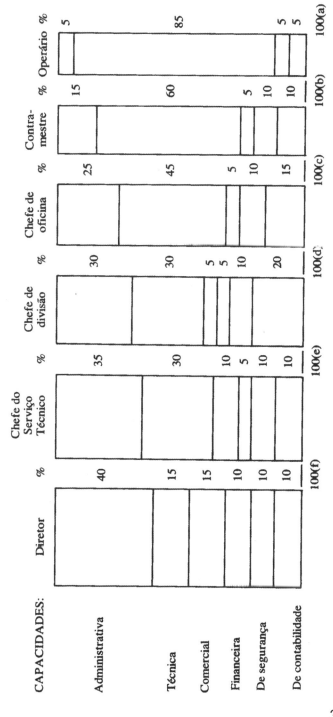

QUADRO Nº 4

Capacidades necessárias aos chefes de empresas industriais de todas as grandezas.

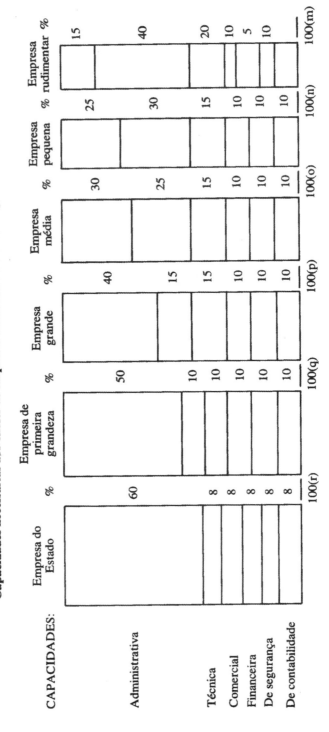

QUADRO Nº 5

Importância relativa das diversas capacidades necessárias às diferentes categorias de funcionários de uma grande metalúrgica.

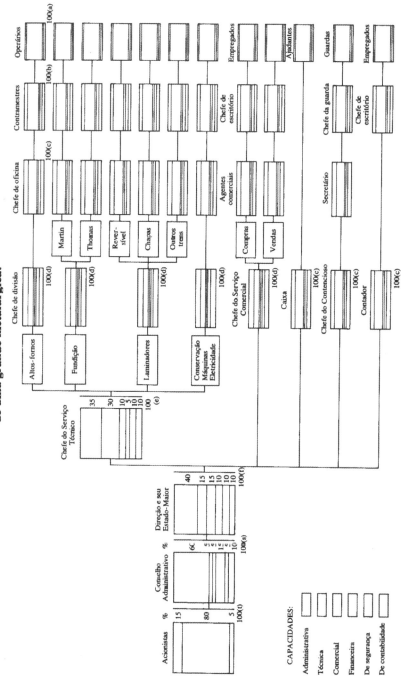

EMPRESAS DIVERSAS

Um estudo das capacidades necessárias aos agentes e aos chefes das empresas de qualquer natureza conduz às mesmas conclusões extraídas do estudo precedente, feito sobre as capacidades necessárias aos agentes e aos chefes das empresas industriais.

Essas conclusões podem ser assim resumidas:

Em toda classe de empresa, a capacidade principal dos agentes inferiores é a capacidade profissional característica da empresa, e a capacidade principal dos grandes chefes é a capacidade administrativa.

A necessidade de noções administrativas é geral.

3
Necessidade e Possibilidade de Ensino Administrativo

Acabamos de ver que a obra *diretiva* compreende o exercício e a realização das seis funções essenciais; se uma dessas funções não é preenchida, a empresa pode perecer ou, quando não, enfraquecer. É necessário, pois, que o pessoal de uma empresa qualquer seja capaz de desempenhar as seis funções essenciais.

Vimos, ainda, que a capacidade mais necessária aos agentes superiores das grandes empresas é a capacidade *administrativa*.

Estamos, por conseguinte, seguros de que uma educação exclusivamente *técnica* não corresponde às necessidades gerais das empresas, mesmo que se trate das industriais.

Ora, enquanto se fazem – e com razão – os maiores esforços para ampliar e aperfeiçoar os conhecimentos técnicos, nada ou quase nada se faz, em nossas escolas industriais, a fim de preparar os futuros chefes para suas funções comerciais, financeiras, administrativas etc.

A *administração* não figura sequer nos programas de ensino das escolas superiores de engenharia civil. Por quê? Desconhece-se a importância da capacidade *administrativa*?

Não. Se se trata de escolher um contramestre entre os operários, um chefe de oficina entre os contramestres ou um diretor entre os engenheiros, não é nunca a capacidade *técnica* que decide a escolha. Verifica-se se o escolhido possui a dose necessária de capacidade técnica, mas, entre os candidatos de valor técnico quase equivalente, será dada preferência ao que for considerado superior por suas qualidades de presença, autoridade, ordem, organização e outras, que são os próprios elementos da capacidade *administrativa*.

Seria porque a capacidade *administrativa* não pode ser adquirida senão mediante a prática dos negócios?

Creio que essa é a razão invocada. Veremos, no entanto, que ela não tem fundamento e que, na realidade, a capacidade *administrativa* pode e deve adquirir-se, assim como a capacidade *técnica*, primeiramente na escola e depois na oficina.

A verdadeira razão da ausência de ensino *administrativo* em nossas escolas profissionais é a falta de doutrina. Sem doutrina não há ensino possível. Ora, não existe doutrina *administrativa consagrada, surgida da discussão pública*.

As doutrinas pessoais não faltam. Na falta de doutrina consagrada, cada qual pode julgar possuir os melhores métodos; assim, é possível ver em toda parte, na indústria, no exército, na família, no Estado, as práticas mais contraditórias colocadas sob a égide de um mesmo princípio.

Enquanto, do ponto de vista *técnico*, um chefe não se atreve a proceder contrariando certas regras estabelecidas sem se expor a perder seu prestígio, do ponto de vista *administrativo* ele pode permitir-se impunemente as práticas mais prejudiciais.

Os processos empregados não são julgados por si mesmos, mas por seus resultados, que são, amiúde, remotos e geralmente difíceis de se relacionarem com as causas que os produziram.

Mudaria completamente a situação se existisse uma doutrina consagrada, isto é, um conjunto de *princípios*, de *regras*, de *métodos*, de *procedimentos* postos à prova e controlados pela experiência geral.

Não é que faltem os princípios; se bastasse proclamá-los para fazê-los vigorar, desfrutaríamos em toda parte da melhor administração possível. Quem já não ouviu cem vezes ser proclamada a necessidade dos grandes princípios de *autoridade, disciplina dos interesses particulares ao interesse geral, unidade de direção, coordenação dos esforços, previsão* etc.?

Mas a proclamação dos princípios não basta. Sua luz, como a dos faróis, não guia senão aqueles que conhecem o caminho do porto. Um princípio, sem o meio de pô-lo em execução, carece de eficácia.

Esses meios também não faltam; são numerosos. Mas, bons e maus, manifestam-se alternativa e simultaneamente na família, na oficina e no Estado, com uma persistência que não se explica senão pela ausência de doutrina. O público não está em condições de julgar os atos administrativos.

É necessário, pois, formular o mais rapidamente possível uma doutrina administrativa. Isso não seria difícil nem exigiria muito tempo se alguns dirigentes se decidissem a expor suas idéias pessoais sobre os princípios que consideram mais adequados para facilitar a marcha dos negócios e sobre os meios mais favoráveis à realização desses princípios. A luz surgiria logo da comparação e da discussão. Mas a maior parte dos grandes chefes não tem tempo nem gosto de escrever e freqüentemente desaparece sem deixar doutrina ou discípulos. Não podemos contar, pois, com essa fonte.

Felizmente, não é necessário dirigir uma grande empresa nem apresentar estudo magistral a fim de concorrer utilmente para a formação de uma doutrina.

A menor observação bem feita tem seu valor e, como o número de possíveis observações é limitado, pode-se esperar que a corrente, uma vez estabelecida, não se detenha jamais; trata-se de formar essa corrente, de provocar a discussão pública; é o que procuro fazer, mediante a publicação destes estudos. Espero que deles surja uma doutrina.

Isso feito, será necessário resolver o problema do ensino.

Todos têm necessidade, em maior ou menor grau, de noções administrativas. Na família, nos negócios do Estado, a necessidade de capacidade administrativa está em relação com a importância da empresa; para os indivíduos, essa necessidade é tanto maior quanto mais elevada é a posição que ocupam.

O ensino de administração deve, por conseguinte, ser geral: rudimentar nas escolas primárias, um pouco mais extenso nas secundárias e muito desenvolvido nas superiores.

Este ensino, preparando bons administradores, não faria mais que o ensino técnico na formação de excelentes técnicos.

Não seriam exigidos senão resultados análogos aos alcançados pela educação técnica. E por que não seriam alcançados? Trata-se, principalmente, de proporcionar à juventude condições de compreender e utilizar as lições da experiência. Atualmente, o novato não tem doutrina administrativa nem método e a esse respeito muitos permanecem principiantes a vida toda.

É necessário, pois, esforçar-se para inculcar as noções administrativas em todas as classes sociais. A escola desempenhará, evidentemente, papel considerável nesse ensino.

O dia em que a administração constituir parte do ensino, os professores das escolas superiores saberão, naturalmente, organizar de modo adequado o plano desse curso. É mais difícil, porém, conceber o que deve ser o ensino administrativo primário. Fiz a esse respeito um ensaio que exporei sem pretensão de espécie alguma, convencido de que um bom professor saberá melhor do que eu formular a doutrina e pôr ao alcance de seus alunos tudo que a estes convenha ensinar.

Segunda Parte
Princípios e Elementos de Administração

1 – Princípios gerais de administração
2 – Elementos de administração

1
Princípios Gerais de Administração

A *função administrativa* tem por órgão e instrumento o *corpo social*. Enquanto as outras funções põem em jogo a matéria-prima e as máquinas, a função administrativa restringe-se somente ao pessoal.

Para a saúde e o bom funcionamento do corpo social é necessário certo número de condições, a que se pode dar indiferentemente o nome de princípios, leis ou regras. Empregarei de preferência a palavra *princípios,* afastando, entretanto, de sua significação toda idéia de rigidez. Não existe nada rígido nem absoluto em matéria administrativa; tudo nela é uma questão de *medida*. Quase nunca se aplicará o mesmo princípio duas vezes em condições idênticas: é necessário ter em conta circunstâncias diversas e variáveis, homens igualmente variáveis e diferentes e muitos outros elementos também variáveis. Tais princípios serão, pois, maleáveis e suscetíveis de adaptar-se a todas as necessidades. A questão consiste em saber servir-se deles: essa é uma arte difícil que exige inteligência, experiência, decisão e comedimento.

A exata *avaliação* das coisas, fruto do tato e da experiência, é uma das principais qualidades do administrador.

O número dos princípios de *administração* não é limitado. Qualquer regra, qualquer instrumento administrativo que fortaleça o corpo social ou facilite seu funcionamento pode-se alinhar entre os princípios e durante o tempo em que a experiência o confirmar nessa posição. Qualquer modificação no estado das coisas pode determinar uma alteração dos princípios que esse estado criou anteriormente.

Eis alguns dos princípios de administração que tive oportunidade de aplicar com mais freqüência:

1º) a divisão do trabalho;
2º) a autoridade e a responsabilidade;

3º) a disciplina;
4º) a unidade de comando;
5º) a unidade de direção;
6º) a subordinação do interesse particular ao interesse geral;
7º) a remuneração do pessoal;
8º) a centralização;
9º) a hierarquia;
10º) a ordem;
11º) a eqüidade;
12º) a estabilidade do pessoal;
13º) a iniciativa;
14º) a união do pessoal.

1º Divisão do Trabalho

A divisão do trabalho faz parte da Natureza. É observada, por exemplo, no reino animal, onde quanto mais perfeito é o ser, maior é a variedade de órgãos encarregados de funções diferentes; nota-se nas sociedades humanas, nas quais, quanto mais complexo é o corpo social, tanto maior e mais íntima é a relação entre a função e o órgão. À medida que a sociedade aumenta, aparecem novos órgãos destinados a substituir o órgão único, primitivamente encarregado de todas as funções.

A divisão do trabalho tem por finalidade produzir mais e melhor, com o mesmo esforço.

O operário que faz todos os dias a mesma peça e o chefe que trata constantemente dos mesmos negócios adquirem mais habilidade, mais segurança e mais precisão e, conseqüentemente, aumentam de rendimento. Cada mudança de ocupação ou de tarefas implica um esforço de adaptação que diminui a produção.

A divisão do trabalho permite reduzir o número de objetivos sobre os quais devem ser aplicados a atenção e o esforço. Reconhece-se que essa é a melhor maneira de obter o máximo proveito do indivíduo e da coletividade. Não se aplica somente às tarefas técnicas, senão a todos os trabalhos, sem exceção, que põem em movimento um número mais ou menos grande de pessoas e que delas exigem diferentes classes de aptidões. Tende, em conseqüência, à *especialização das funções* e à *separação dos poderes*.

Por mais que suas vantagens sejam universalmente reconhecidas e não se admita a possibilidade de haver progresso sem o trabalho especializado dos sábios e dos artistas, a *divisão do trabalho* tem suas limitações que a experiência e o senso da medida ensinam a não ultrapassar.

2º Autoridade e Responsabilidade

A *autoridade* consiste no direito de mandar e no poder de se fazer obedecer.

Distingue-se, num chefe, a autoridade *estatutária* ou *regimental* inerente à função e a autoridade *pessoal*, derivada da inteligência, do saber, da experiência, do valor moral, da aptidão de comando, dos serviços prestados etc. Num bom chefe, a autoridade pessoal é o complemento indispensável da autoridade estatutária.

Não se concebe a *autoridade* sem a *responsabilidade*, isto é, sem a sanção – recompensa ou penalidade – que acompanha o exercício do poder. A responsabilidade é um corolário da autoridade, sua consequência natural, sua contrapartida indispensável. Em qualquer lugar onde se exerça a autoridade nascerá uma responsabilidade.

A necessidade de sanção, que tem sua fonte no sentimento de justiça, é confirmada e aumentada pela consideração de que, em benefício do interesse geral, é preciso incentivar as ações úteis e conter as que não têm esse caráter.

A sanção dos atos da autoridade faz parte das condições essenciais de uma boa administração. Tal sanção, geralmente, é de difícil aplicação prática, sobretudo nas grandes empresas: é necessário estabelecer primeiro o grau de responsabilidade e depois a taxa de sanção. Mas se é relativamente fácil estabelecer a responsabilidade dos atos de um operário e a escala das sanções correspondentes, a tarefa é mais árdua quando se trata de um contramestre e, à medida que se sobe na hierarquia das empresas, sendo mais complexas as operações, maior o número dos agentes que intervêm, mais remoto o resultado final, torna-se cada vez mais difícil identificar o grau de influência do ato inicial da autoridade no efeito produzido e estabelecer o grau de responsabilidade do chefe. A medida dessa responsabilidade e sua equivalência material escapam a qualquer cálculo.

Daí se infere que a sanção é uma questão de uso convencional; quem a estabelece deve ter em conta o ato em si, as circunstâncias que o rodeiam e a repercussão que possa ter. O julgamento exige alto valor moral, imparcialidade e firmeza. Se todas essas condições não forem observadas, é de se temer que o sentimento da responsabilidade desapareça da empresa.

A responsabilidade exercida e defendida com desassombro infunde respeito; é uma modalidade de coragem muito apreciada por todos. Tem-se disso uma prova palpável no contraste de atitudes de alguns chefes de indústria, em muito superiores às de certos funcionários do Estado, de grau equivalente, mas sem responsabilidade.

Não obstante, a responsabilidade é geralmente tão temida quanto é cobiçada a autoridade. O temor das responsabilidades paralisa muitas iniciativas e destrói muitas qualidades.

Um bom chefe deve ter e difundir no seu ambiente a coragem de assumir responsabilidades.

A melhor garantia que um grande chefe tem contra a tentação do abuso de autoridade e de fraquezas é o seu valor pessoal e principalmente seu alto valor moral. É sabido que nem a nomeação nem o direito de propriedade conferem esse valor.

3º Disciplina

A *disciplina* consiste, essencialmente, na obediência, na assiduidade, na atividade, na presença e nos sinais exteriores de respeito demonstrados segundo as convenções estabelecidas entre a empresa e seus agentes.

Essas convenções fixam as modalidades de disciplina, quer tenham origem em pactos livremente firmados ou aceitos sem uma discussão prévia, quer sejam escritos ou tácitos ou resultem da vontade das partes ou dos usos e costumes.

A disciplina, resultante de convenções diferentes e variáveis, apresenta-se, naturalmente, sob os aspectos mais diversos: as obrigações de obediência, de assiduidade, de atividade e de presença diferem, com efeito, de uma empresa para outra, de uma categoria de agentes para outra na mesma empresa, de uma região para outra, de uma época para outra.

Entretanto, o espírito público está profundamente convencido de que a disciplina é absolutamente necessária ao bom andamento dos negócios e de que nenhuma empresa poderia prosperar sem ela.

Esse conceito tem sido expresso com grande vigor nos manuais militares, onde se lê: "A disciplina é a principal força dos exércitos." Eu aprovaria sem reservas esse aforismo se fosse seguido deste outro:

"A disciplina é tal como a fazem os chefes." O primeiro inspira o respeito à disciplina, o que é razoável, mas tende a fazer perder de vista a responsabilidade dos chefes, o que é perigoso. Ora, o estado de disciplina de um corpo social qualquer depende essencialmente do valor dos chefes.

Quando se manifesta uma falha na disciplina ou quando o entendimento ou a harmonia entre os chefes e os subordinados deixa algo a desejar, não se deve limitar a jogar negligentemente a responsabilidade dessa situação sobre o mau estado de espírito do pessoal; quase sempre, o mal é uma conseqüência da incapacidade dos chefes. Foi isso, pelo menos, o que constatei em diversas regiões da França. Sempre observei que os operários franceses são obedientes e mesmo abnegados, quando bem dirigidos.

Na ordem dos fatores que influem sobre a disciplina, é necessário colocar, ao lado do mando, a natureza dos convênios. Convém que sejam claros e satisfaçam a ambas as partes, em tudo que seja possível. Tal coisa é difícil. Tem-se uma prova pública disso nas grandes greves dos mineiros, ferroviários ou funcionários que, nestes últimos anos, têm comprometido a vida nacional, na França e alhures, e que tiveram por causa convênios discutíveis ou estatutos insuficientes.

Depois de meio século, operou-se uma transformação considerável na maneira de estabelecer os convênios que regem as relações entre a empresa e seus agentes. Aos convênios de outrora, estabelecidos somente pelo patrão, sucederam, cada vez com mais freqüência, os convênios debatidos entre o patrão ou grupo de patrões e as coletividades operárias. A responsabilidade de cada patrão fica, assim, diminuída; reduz-se ainda, todavia, com ingerência cada vez mais freqüente do Estado nas questões operárias. Não obstante, a fixação dos convênios entre a empresa e seus agentes, de onde provêm as modalidades da disciplina, deve continuar sendo uma das principais preocupações dos chefes de empresas.

Contra os atos de indisciplina, o interesse da empresa não permite negligenciar na aplicação de certas sanções suscetíveis de impedir ou diminuir sua repetição. A experiência e o tato do chefe são postos à prova, por ocasião da escolha e do grau das sanções aplicadas: admoestações, conselhos, multas, suspensões, rebaixamento, inatividade. Na sua aplicação, é necessário ter em conta os indivíduos e o meio.

Em resumo, a *disciplina* é o respeito às convenções, que têm por objetivo a *obediência*, a *assiduidade*, a *atividade* e os *sinais exteriores com que se manifesta o respeito*. Ela se impõe tanto aos mais altos chefes como aos agentes mais modestos.

Os meios mais eficazes para estabelecer e manter a disciplina são os seguintes:

a) bons chefes em todos os graus hierárquicos;
b) convênios tão claros e eqüitativos quanto seja possível;
c) sanções penais judiciosamente aplicadas.

4º Unidade de Comando

Para a execução de um ato qualquer, um agente deve receber ordens somente de um chefe.

Essa é a regra da "unidade de comando", que é de uma necessidade geral e permanente e cuja influência sobre a marcha dos negócios é pelo menos igual, a meu ver, à de qualquer outro princípio; se é violada, a autoridade se ressente, a disciplina se compromete, a ordem se perturba, a estabilidade periga. Elevei essa regra à categoria de princípio, porque a considero fundamental.

Desde que dois chefes exerçam autoridade sobre o mesmo homem ou sobre o mesmo serviço, estabelece-se uma situação de mal-estar; se a causa persiste, aumenta a perturbação, a enfermidade aparece como num organismo animal prejudicado por um corpo estranho e observam-se as seguintes conseqüências: ou a dualidade cessa com afastamento ou a anulação de um dos chefes e a saúde social ou o organismo continuam a debilitar-se.

Em nenhum caso se produzirá a adaptação do organismo social à dualidade de comando.

Ora, a dualidade de mando é muito freqüente: produz maus resultados em todas as empresas, grandes e pequenas, na família e no Estado. O mal é mais temível porque se insinua no organismo social, sob os pretextos mais plausíveis:

a) Na esperança de ser mais bem compreendido ou de ganhar tempo ou para conjurar imediatamente uma manobra perigosa, o chefe C2 dá suas ordens diretamente a um agente C, sem passar pelo chefe C1.

Se esse procedimento se repete, encontramo-nos em presença da dualidade de comando e de suas conseqüências: hesitação do subalterno, perturbação, atrito de interesses opostos, aborrecimento do chefe que não foi informado do que se passava, desordem no trabalho etc.

Veremos, depois, que é possível afastar-se da linha hierárquica, quando necessário, evitando, entretanto, os inconvenientes da dualidade de mando.

b) O desejo de afastar a dificuldade imediata que representa a divisão de atribuições entre dois sócios, dois amigos ou dois membros da mesma família faz, às vezes, que a dualidade de mando reine desde a formação da empresa. Possuindo os mesmos poderes, tendo a mesma autoridade sobre os mesmos homens, os dois sócios chegam fatalmente à dualidade e às suas conseqüências.

Apesar das suas lições recebidas, experiências desse gênero se multiplicam. Os novos associados crêem que a mútua afeição, o interesse comum e a habilidade os preservarão de todo conflito e mesmo de dissensões de caráter mais sério. Salvo raras exceções, a ilusão dura pouco: primeiro surge um mal-estar, depois certa irritação e com o tempo, também a aversão, se a dualidade persistir.

Os homens não suportam a dualidade de comando.

Uma prudente divisão das atribuições faria diminuir o perigo, sem fazê-lo desaparecer completamente, pois entre dois chefes da mesma categoria existe sempre algum problema que requer a atenção de ambos. Todavia, é procurar o fracasso pretender organizar um negócio sem dividir suas atribuições e separar seus poderes.

c) Uma imperfeita delimitação dos serviços conduz também à dualidade de comando: dois chefes, dando ordens num setor que cada um acredita pertencer-lhe, dão origem à dualidade.

d) As contínuas relações entre os diversos serviços, a interligação natural das funções, as atribuições amiúde imprecisas, criam o perigo constante da dualidade. Se um chefe sagaz não puser as coisas em ordem, surgirão usurpações a perturbar a marcha dos negócios, comprometendo-os.

Em todas as associações humanas, na indústria, no comércio, no exército, na família, no Estado, a *dualidade de comando* é fonte perpétua de conflitos, às vezes muito graves, que reclamam particularmente a atenção dos chefes em todos os níveis.

5º Unidade de Direção

Esse princípio pode assim ser expresso: *Um só chefe e um só programa para um conjunto de operações que visam ao mesmo objetivo.*

É a condição necessária da unidade de ação, da coordenação de forças, da convergência de esforços.

No mundo social, como no mundo animal, um corpo com duas cabeças é um monstro. Sobrevive com dificuldade.

É preciso não confundir *unidade de direção* (um só chefe, um só programa) com *unidade de comando* (um agente não deve receber ordens senão de um só chefe). Chega-se à unidade mediante uma boa constituição do corpo social; a unidade de comando depende do funcionamento do pessoal.

A unidade de comando não pode existir sem a unidade de direção, mas aquela não é uma conseqüência desta.

6º Subordinação do Interesse Particular ao Interesse Geral

Esse princípio nos lembra que, numa empresa, o interesse de um agente ou de um grupo de agentes não deve prevalecer sobre o interesse da empresa, que o interesse da família deve estar acima do interesse de um de seus membros e que o interesse do Estado deve sobrepor-se ao de um cidadão ou de um grupo de cidadãos.

Parece que não haveria necessidade de tal conceito ser lembrado. Mas a ignorância, a ambição, o egoísmo, a indiferença, as fraquezas, enfim todas as paixões humanas tendem a fazer perder de vista o interesse geral em proveito do interesse particular. É uma luta contínua a sustentar.

Dois interesses de ordem diferente, mas igualmente respeitáveis, contrapõem-se; é preciso conciliá-los. É uma das grandes dificuldades da arte de governar.

Os meios de realizar essa conciliação são os seguintes:

a) firmeza e bom exemplo dos chefes;
b) convênios tão eqüitativos quanto possível;
c) vigilância atenta.

7º Remuneração do Pessoal

A *remuneração do pessoal* é o prêmio pelo serviço prestado. Deve ser eqüitativa e, tanto quanto possível, satisfazer ao mesmo tempo ao pessoal e à empresa, ao empregador e ao empregado.

A *taxa* de remuneração depende, primeiro, de circunstâncias independentes da vontade do patrão e do valor dos agentes, tais como a carestia da vida, a abundância ou a escassez de pessoal, o estado geral dos negócios e a situação econômica da empresa; em segundo lugar, do valor dos agentes e, por último, do *modo de retribuição* adotado.

A apreciação dos fatores que dependem da vontade do patrão e do valor dos agentes exige conhecimento profundo dos negócios, bom senso e imparcialidade. Ocupar-nos-emos, mais adiante, a propósito do recrutamento, da apreciação do valor dos agentes. Transferindo para outros capítulos o estudo desses aspectos, falaremos aqui sobre o *modo de retribuição*.

O *modo de retribuição* do pessoal pode ter influência considerável sobre a marcha dos negócios; sua escolha é, pois, problema importante. E também árduo, porque recebe, na prática, soluções muito diferentes, das quais nenhuma pareceu, até ao presente, absolutamente satisfatória.

Geralmente, o que se procura, no *modo de retribuição* é o seguinte:

a) garantir remuneração eqüitativa;
b) encorajar o zelo, recompensando o esforço útil;
c) evitar os excessos de remuneração, ultrapassando o limite razoável.

Examinarei, sucintamente, os modos de retribuição usados para os operários, para os chefes médios e para os grandes chefes.

OPERÁRIOS

Os diversos modos de retribuição usados para os operários são:

a) pagamento por dia;
b) pagamento por tarefa;
c) pagamento por peça.

Podem estes três modos de retribuição combinar-se entre si e dar lugar a variantes de importância com a introdução de *prêmios, participação nos lucros, subsídios em espécie, compensações honoríficas* etc.

1º Pagamento por dia. Neste sistema, o operário vende ao patrão, mediante preço previamente fixado, um dia de trabalho em condições determinadas.

O sistema tem o inconveniente de conduzir à negligência e exigir uma vigilância atenta.

Ele se impõe, entretanto, quando a medição do trabalho realizado não é possível. É, por isso, largamente adotado.

2º Pagamento por tarefa. Neste caso o salário depende da execução de uma tarefa determinada, fixada de antemão. Pode ser independente da duração da tarefa. Desde que o salário não é devido senão no caso em que a tarefa seja executada durante o período usual de trabalho, esse modo se confunde com o pagamento por dia.

O pagamento por tarefa diária não exige fiscalização tão rigorosa como no caso de pagamento por dia, tendo o inconveniente de baixar o rendimento dos bons operários ao nível dos medíocres. Os bons não se sentem contentes, porque percebem que poderiam ganhar mais; os medíocres julgam que o trabalho que lhes é imposto é muito pesado.

3º Pagamento por peça. O salário, neste caso, é proporcional ao trabalho efetuado e teoricamente não tem limites.

Este sistema é freqüentemente empregado nas oficinas em que se fabrica grande número de peças iguais, como também nas indústrias, onde a produção pode ser medida a peso, metro linear ou metro cúbico. Geralmente é empregado sempre que possível.

Acusam-no de preferir a quantidade em detrimento da qualidade, de criar conflitos quando se cuida de rever os preços para verificar o progresso realizado na fabricação.

O pagamento por peça torna-se trabalhoso para a empresa, quando aplicado a um conjunto importante de tarefas. Para reduzir o risco dos empresários, adiciona-se, às vezes, ao preço da peça uma taxa calculada sobre cada dia de trabalho.

Do pagamento por peça resulta, geralmente, um aumento de salário, que estimula o zelo, durante certo tempo. Afinal estabelece-se um regime que, pouco a pouco, reconduz ao sistema de pagamento por tarefa diária, por um preço fixado previamente.

Os três modos de pagamento já citados são encontrados em todas as grandes empresas; ora predomina o pagamento por dia, ora dos dois outros. Numa oficina vê-se o mesmo operário trabalhar, às vezes, por peça, outras vezes por dia.

Cada um deles tem suas vantagens e seus inconvenientes, e seu emprego eficaz depende das circunstâncias e da habilidade dos chefes.

Nenhum sistema, nem mesmo a própria taxa de salário, dispensa o chefe de possuir competência e tato. O zelo dos operários e a paz da oficina dependem muito dele.

PRÊMIOS

Para que o perário se interesse pela boa marcha da empresa, acrescenta-se, às vezes, ao pagamento do dia, da tarefa ou das peças, um adicional sob forma de prêmio: prêmio de assiduidade, prêmio de atividade, prêmio pelo funcionamento regular da maquinaria, prêmio de produção, de limpeza etc.

A importância relativa desses prêmios, sua natureza e as condições estipuladas para sua obtenção são extremamente variadas e podem constar de: pequeno suplemento diário, soma mensal, gratificação anual, ações ou partes de ação distribuídas aos mais merecedores. Podem ir mesmo até à participação nos lucros; tais são, por exemplo, certas gratificações distribuídas anualmente entre os operários de algumas grandes empresas.

Diversas minas francesas de carvão estabeleceram, há alguns anos, em favor de seu pessoal operário, um prêmio proporcional ao lucro distribuído ou a um superlucro. Não é exigido nenhum contrato especial dos operários, mas a obtenção do prêmio fica subordinada a certas condições, como, por exemplo, não ter havido greves durante o ano ou não terem as faltas ao serviço ultrapassado determinado número de dias.

Essa forma de prêmio introduziu na remuneração dos mineiros uma participação nos lucros, sem ter havido convênios entre os operários e o patrão. Os operários não recusaram uma dádiva, mais ou menos gratuita, que lhes oferecia o patrão. O contrato não era bilateral.

Graças a um período feliz para as empresas, o salário anual dos operários pôde ser notavelmente aumentado com o sistema dos prêmios. Que aconteceria, entretanto, nos períodos difíceis?

Essa fórmula interessante é, ainda, muito nova para ser julgada mas não constitui, evidentemente, solução geral para o problema.

Há na indústria do carvão-de-pedra outra forma de prêmio que depende de preço de venda do produto. Em vigor durante muito tempo no País de Gales e depois abandonada com a adoção da lei sobre o salário mínimo, a escala móvel dos salários, estabelecida sobre uma base fixa e sobre um prêmio, de acordo com o preço de venda da região, é hoje a fórmula que regula o salário dos mineiros do Norte e do Passo de Calais, tendo sido adotada também no Loire.

Esse sistema estabelece certa correlação entre a prosperidade da mina e o salário do mineiro. Culpam-no, entretanto, de induzir o operário à limitação da produção para elevar o preço de venda.

Vemos que, para regular a questão dos salários, recorreu-se a uma grande variedade de meios, mas o problema está longe de ser resolvido a contento geral; todas as soluções são precárias.

PARTICIPAÇÃO NOS LUCROS

Operários – A idéia de fazer os operários participarem dos lucros é muito sedutora. Parece que é daí que surgirá o acordo entre o capital e o trabalho. Mas a fórmula prática desse acordo não foi ainda encontrada. A participação dos operários nos lucros tem esbarrado, na grande empresa, com dificuldades insuperáveis de aplicação.

Notemos que ela não pode existir nas empresas que não têm objetivo lucrativo (serviços do Estado, em sociedades religiosas, filantrópicas, científicas) e que, também, não é possível nas empresas econômicas deficitárias. Eis, pois, a participação nos lucros excluída de grande número de empresas.

Restam as empresas econômicas prósperas. Entre elas, o desejo de conciliar e harmonizar os interesses do operário e do patrão não é, em parte alguma, tão grande como nas indústrias mineiras e metalúrgicas francesas. Ora, não conheço nessas indústrias a aplicação precisa da participação dos operários nos lucros.

Pode-se concluir, destarte, imediatamente, que o problema é difícil, senão impossível.

O operário tem necessidade de um salário imediato, que é preciso assegurar-lhe, proporcione ou não lucros à empresa. Um sistema que fizesse a remuneração do operário depender inteiramente de um lucro eventual futuro seria inaplicável.

Mas poderia uma parte do salário provir dos lucros gerais da empresa?

Vejamos:

À vista de todos os fatores que intervêm, a parte da atividade ou da habilidade mais ou menos grande de um operário sobre o resultado final de uma grande empresa é impossível fixar: ela é, aliás, bem insignificante. A parte que lhe caberia de um dividendo distribuído seria de alguns cêntimos sobre um salário de 5 francos, por exemplo; isso quer dizer que o emprego de um esforço suplementar mínimo – um golpe de enxada, um golpe de lima – que beneficiasse diretamente seu salário seria mais vantajoso para ele. O operário não tem, pois, nenhum interesse em ser remunerado mediante uma participação nos lucros proporcional à ação que ele exerce sobre esses lucros.

É ainda de se notar que, na maior parte dos grandes negócios, o aumento de salário concedido de vinte anos para cá representa um total superior ao montante dos dividendos distribuídos ao capital.

De fato, a participação clara, real, dos operários nos lucros das grandes empresas não entrou ainda na prática dos negócios.

Chefes de grupos e de oficinas – A participação nos lucros dos contramestres, chefes de oficina e engenheiros não está mais adiantada que a dos operários; entretanto, a influência desses agentes sobre o progresso da empresa é considerável e se eles não são regularmente interessados nos lucros é porque a fórmula de sua participação é difícil de se estabelecer.

Não resta dúvida de que os chefes não têm necessidade de um estímulo pecuniário para cumprir todo o seu dever; mas eles não são indiferentes às satisfações materiais e é preciso admitir que a esperança de um benefício suplementar pode aumentar-lhes o zelo. Quando possível, deve-se proporcionar também aos agentes de situação média uma participação nos lucros.

O problema é relativamente fácil nos negócios novos ou naqueles que enfrentam dificuldades, nos quais um esforço excepcional pode dar importantes resultados. A participação pode, então, aplicar-se ao conjunto dos lucros da empresa ou somente ao movimento do serviço do agente interessado.

Quando a empresa é antiga e convenientemente dirigida, o zelo de um chefe intermediário é pouco visível nos resultados gerais e é muito difícil estabelecer para ele uma participação útil.

Realmente, a participação dos chefes intermediários nos lucros, na França, é muito rara nas grandes empresas.

Prêmios pela produção ou por certos resultados alcançados em uma oficina – não confundir com a participação nos lucros – são bem mais freqüentes.

Chefes gerais – É preciso subir até a direção, para encontrar uma categoria de agentes que são, freqüentemente, interessados nos lucros das grandes empresas francesas.

Por seus conhecimentos, por suas idéias e por sua ação, o chefe da empresa tem influência considerável sobre os resultados gerais e é natural que se procure interessá-lo nesses resultados. Às vezes, é possível estabelecer entre sua ação pessoal e os resultados íntima relação; entretanto, de modo geral, há outras influências, completamente independentes do valor do chefe, que podem fazer variar os resultados gerais em proporções muito maiores que a ação pessoal do chefe. Se os vencimentos do chefe dependessem exclusivamente dos lucros, poderiam eles, algumas vezes, ficar reduzidos a zero.

De resto, há negócios em formação, a liquidar ou simplesmente em crise passageira, em que a direção não exige menos inteligência que a dos negócios prósperos e em que a participação nos lucros não pode ser a base dos vencimentos do chefe.

Enfim, os grandes servidores do Estado não podem ser pagos por sua participação nos lucros.

A participação nos lucros não é, pois, tanto para os chefes gerais, como para os operários, uma regra geral de *remuneração*.

Em resumo, a *participação nos lucros* é o meio de remuneração que pode dar em certos casos excelentes resultados; não é, porém, solução geral.

Não me parece que se possa contar, ao menos no momento, com este modo de retribuição, para apaziguar os conflitos entre o capital e o trabalho. Felizmente, têm havido até ao presente outros meios suficientes para assegurar à sociedade uma paz relativa; esses meios não perderam sua eficácia. Cabe aos chefes estudá-los, aplicá-los e fazê-los triunfar.

SUBSÍDIOS EM ESPÉCIES – INSTITUIÇÕES DE BEM-ESTAR – COMPENSAÇÕES HONORÍFICAS

Pouco importa que o salário seja constituído unicamente de numerário ou que compreenda diversos complementos, tais como calefação, iluminação, moradia, víveres, desde que o agente esteja satisfeito.

De outro lado, não resta dúvida de que a empresa será tanto mais bem servida quanto mais robustos, instruídos, conscienciosos e estáveis forem seus agentes. O patrão, no próprio interesse do negócio, deve cuidar da saúde, do vigor físico, da instrução, da moralidade e da estabilidade de seu pessoal.

Esses elementos que contribuem para a boa marcha de um negócio não são adquiridos unicamente na oficina; eles se formam e se aperfeiçoam também, e principalmente, fora dela: na família, na escola, na vida civil e religiosa. O patrão é levado, pois, a ocupar-se de seus agentes fora da usina e aqui aparece de novo a questão da medida.

Todavia, as opiniões nesse ponto são bastante divididas. Várias experiências infelizes forçaram alguns patrões a limitar sua intervenção à porta da usina e ao regulamento do salário.

A maior parte, entretanto, considera que a ação patronal pode exercer-se utilmente fora, desde que discreta e prudente, fazendo-se conquistar mais do que se impor, procurando estar ao nível da cultura e das preferências dos interessados e respeitando, de modo absoluto, sua liberdade. Deve ser uma colaboração benévola e não uma tutela tirânica. Essa é uma condição indispensável de sucesso.

A contribuição do patrão para o bem-estar do operário pode ser variada. Na fábrica, ela desenvolve-se sobre questões de higiene e conforto: ar, luz, limpeza, refeitório. Fora da fábrica, aplica-se à moradia, à alimentação, à instrução e à educação.

Nesta categoria estão compreendidas as obras de previdência.

As compensações honoríficas não aparecem senão nas grandes empresas. Pode-se dizer que elas são quase exclusivamente do domínio do Estado.

Todos os modos de retribuição que tendam a melhorar o valor e a felicidade do pessoal e a estimular o zelo dos agentes de todas as escalas devem ser objeto de contínua atenção da parte dos chefes.

8º Centralização

Tal como a "divisão do trabalho", a *centralização* é um fato de ordem natural; em todo organismo, animal ou social, as sensações convergem para o cérebro ou direção e do cérebro ou direção partem as ordens que movimentam todas as partes do organismo.

A centralização em si não é um sistema de administração, nem bom nem mau, podendo ser adotado ou abandonado à vontade dos dirigentes ou das circunstâncias; entretanto, existe sempre, em maior ou menor grau. O problema da centralização ou descentralização é uma simples questão de medida. Trata-se de encontrar o limite favorável à empresa.

Nos pequenos negócios, em que as ordens dos chefes vão diretamente aos agentes inferiores, a centralização é absoluta; nas grandes empresas, em que o chefe está separado dos empregados subalternos por longa hierarquia, as ordens, como as impressões de volta, passam por uma série de intermediários obrigatórios. Cada agente põe, voluntariamente, um pouco de si mesmo na transmissão e na execução das ordens, como na transmissão das impressões recebidas, pois ele não age como simples engrenagem mecânica. Do caráter do chefe, de seu valor, do valor dos subordinados e também das condições da empresa depende a parte de iniciativa que convém deixar aos intermediários. O grau de centralização deve variar segundo cada caso.

A melhor utilização possível das faculdades de todo o pessoal deve ser o objetivo a atingir.

Se o valor o chefe, sua força, sua inteligência e experiência e a rapidez de sua percepção lhe permitirem estender bastante sua ação, ela poderá levar longe a centralização e reduzir seus auxiliares a simples agentes de execução. Se, ao contrário, mesmo conservando o privilégio de determinar as diretrizes gerais, ele preferir recorrer mais à experiência, ao critério, aos conselhos de seus colaboradores, poderá efetuar ampla descentralização.

Estando em contínua transformação o valor absoluto e relativo do chefe e dos agentes, compreende-se que o grau de centralização ou descentralização seja também constantemente variável, satisfazendo do melhor modo os interesses em jogo.

Ele não existe somente para o comando superior, mas também para os chefes de todas as categorias. Não há um só que não possa ampliar ou restringir, dentro de certos limites, a iniciativa de seus subordinados.

Encontrar a medida que dê o melhor rendimento total, este é o problema da centralização e da descentralização; tudo o que aumenta a importância das funções dos subordinados é do terreno da descentralização; tudo o que diminui a importância dessas funções pertence à centralização.

9º Hierarquia

Constitui a *hierarquia* a série dos chefes que vai da autoridade superior aos agentes inferiores.

A *via hierárquica* é o caminho que seguem, passando por todos os graus da hierarquia, as comunicações que partem da autoridade superior ou que lhe são dirigidas. Esse caminho é imposto, ao mesmo tempo, pela necessidade de uma *transmissão segura* e pela *unidade de comando*. Mas ele não é sempre o mais rápido; às vezes, é desastrosamente longo nas empresas muito grandes, principalmente no Estado.

Ora, há inúmeras operações cujo êxito depende de execução rápida; é preciso conciliar o respeito à via hierárquica com a obrigação de andar depressa.

Chega-se a esse ponto da maneira seguinte:

Suponhamos que se trata de relacionar o serviço F com o serviço P, numa empresa cuja hierarquia é representada pela escala dupla G – A – Q.

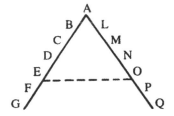

Seguindo a via hierárquica será necessário subir a escala, de F até A, descer depois de A até P, detendo-se em cada degrau, subir depois de P até A e descer outra vez de A até F, para voltar ao ponto de partida.

É evidentemente muito mais simples e mais rápido ir diretamente de F a P transpondo a ponte F–P. E é isto o que se faz mais amiúde.

O princípio hierárquico será salvaguardado se os chefes E e O autorizarem seus agentes respectivos F e P a entrar em relações diretas; a situação ficará completamente regularizada se F e P puserem imediatamente seus chefes a par do que fizeram de comum acordo.

Desde que F e P estejam de acordo e suas operações sejam aprovadas por seus chefes diretos, aquelas relações poderão continuar; assim que o acordo desapareça ou falte a aprovação dos chefes, as relações diretas cessarão e a via hierárquica será imediatamente restabelecida.

Tal é o regime de fato que se verifica na grande maioria dos negócios. Ele comporta o hábito de certa iniciativa em todos os graus da escala.

Na pequena empresa, o interesse geral, isto é, o da própria organização, é fácil de compreender e o patrão aí está para recordá-lo aos que sejam tentados a esquecê-lo.

No Estado, o interesse geral é coisa tão complexa, tão vasta, tão remota, que dele não se faz facilmente uma idéia precisa; o patrão é uma espécie de mito para a quase totalidade dos funcionários. Se ele não é incessantemente reavivado pela autoridade superior, o sentimento do interesse geral esfuma-se, debilita-se a cada serviço, tende a ser considerado como objeto e fim dele mesmo; esquece que não é mais do que uma engrenagem de uma grande máquina, cujas partes devem marchar de acordo; isola-se, fecha-se em si mesmo e não conhece mais que a via hierárquica.

O emprego da *ponte* é simples, rápido, seguro, permite aos dois agentes F e P tratar, de uma assentada, em algumas horas, uma questão que pela via hierárquica exigiria vinte transmissões, interromperia muita gente, ocasionaria movimento enorme de papéis inúteis, faria perder semanas ou meses para chegar a uma solução geralmente inferior à que se teria obtido do contato direto de F e P.

É possível que tais práticas, tão ridículas quão funestas, sejam usadas? No que concerne aos serviços do Estado, infelizmente não se pode duvidar disso.

Admite-se, geralmente, que o temor das responsabilidades seja a sua principal causa. Creio, de preferência, que o fato tenha por causa a insuficiente capacidade administrativa dos dirigentes.

Se o chefe supremo A exigisse de seus colaboradores B e L o emprego da *ponte*, determinando-lhes a imposição dela a seus subordinados C..., M..., o hábito e a coragem das responsabilidades estabelecer-se-iam ao mesmo tempo que o uso do mais curto caminho.

É erro afastar-se da via hierárquica sem necessidade, mas é erro muito maior segui-lo quando daí resulta prejuízo para a empresa. A última situação pode apresentar extrema gravidade em certas circunstâncias. Quando um agente se encontra na obrigação de escolher entre os dois processos, não lhe sendo possível pedir a opinião de seu chefe, ele deve ter bastante coragem e sentir a suficiente liberdade para adotar o caminho que o interesse geral impõe. Mas para que ele se encontre nesse estado de espírito é preciso que tenha sido preparado antecipadamente e que seus chefes lhe tenham dado o exemplo. O exemplo deve vir do alto.

10º Ordem

É conhecida a fórmula da ordem material: *Um lugar para cada coisa e cada coisa em seu lugar*. A fórmula da ordem social é idêntica: *Um lugar para cada pessoa e cada pessoa em seu lugar*.

Ordem material. De acordo com a definição precedente, para que impere a ordem material é preciso que um lugar tenha sido reservado para cada objeto e que todo objeto esteja no lugar que lhe foi designado.

Será isso suficiente? Não será ainda necessário que o lugar tenha sido bem escolhido?

A ordem deve ter como resultado evitar as perdas de materiais e de tempo. Para que o objetivo seja inteiramente atingido, é preciso não somente que tudo esteja no seu lugar, mas ainda que o lugar tenha sido escolhido de maneira a facilitar, tanto quanto possível, todas as operações. Se esta última condição não for observada, a ordem será apenas aparente.

A ordem aparente pode encobrir uma desordem real. Vi um pátio de usina servindo de depósito de lingotes de aço, onde os materiais, bem empilhados, bem alinhados, limpos, davam agradável impressão de ordem. Observando-se de perto, verificou-se que a mesma pilha continha, misturadas, quatro ou cinco espécies de aço, destinadas a fabricações diferentes. Daí resultavam manobras inúteis, perda de tempo, possibilidades de erros; cada coisa não estava no seu lugar.

Pode acontecer o contrário: que uma desordem aparente corresponda a uma ordem real. É o caso de papéis espalhados segundo a vontade do patrão e que um empregado bem intencionado, mas incompetente, dispõe de outro modo e arruma em pilhas bem alinhadas. O patrão aí não reconhece mais nada.

A *ordem perfeita* implica um lugar judiciosamente escolhido; a *ordem aparente* não é senão uma imagem falsa ou imperfeita da ordem real.

A limpeza é um corolário da ordem. Nenhum lugar deve ser reservado à sujeira.

Um quadro gráfico, representando o conjunto dos imóveis, dividido em tantas seções quantos sejam os agentes responsáveis, facilita bastante a adoção e o controle da ordem.

Ordem social. Para que a ordem social reine na empresa, é preciso, segundo a definição, que um lugar seja reservado a cada agente e que cada agente esteja no lugar que lhe foi destinado.

A ordem perfeita exige ademais que o lugar convenha ao agente e que o agente convenha ao lugar: *The right man in the right place*.

A ordem social assim compreendida supõe resolvidas duas operações administrativas das mais difíceis: uma boa organização e um bom recrutamento. Uma vez fixados os postos necessários à marcha da empresa, recrutam-se os titulares desses postos e cada agente ocupa o lugar onde pode prestar os melhores serviços. Tal é a ordem social *perfeita*. Isso parece simples e temos naturalmente desejo de que assim o seja, pois, quando, pela vigésima vez, ouvimos um chefe de Governo enunciar esse princípio, evocamos imediatamente a idéia de uma administração perfeita. Isso é uma miragem.

A ordem social exige o conhecimento exato das necessidades e dos recursos sociais da empresa e um equilíbrio constante entre essas necessidades e esses recursos. Ora, esse equilíbrio é muito difícil de estabelecer e de manter e tanto mais difícil quanto maior for a empresa. E quando o equilíbrio se romper, quando interesses particulares fizerem negligenciar ou sacrificar o interesse geral, quando a ambição, o nepotismo, o favoritismo ou simplesmente a ignorância multiplicarem inutilmente os postos ou colocarem nos pontos necessários agentes incapazes, será preciso muito talento, muita vontade e mais perseverança que atualmente não comporta a instabilidade ministerial para acabar com os abusos e restabelecer a ordem.

Aplicada ao Estado, a fórmula "Um lugar para cada pessoa e cada pessoa em seu lugar" adquire uma amplitude extraordinária. É a responsabilidade da nação *vis-à-vis* a todos e a cada um, é o destino de cada um previsto, é a solidariedade, é a questão social completa. Não me detenho mais diante dessa confusa extensão do princípio da ordem.

Nos negócios privados e sobretudo nas empresas de débil envergadura, é mais fácil dispor o recrutamento de acordo com as necessidades da empresa.

Como para a *ordem material*, um quadro gráfico ou um esquema facilita muito o estabelecimento e o controle da ordem social. Este representa o conjunto do pessoal e todos os serviços na empresa com seus titulares. O quadro gráfico será estudado no capítulo da organização.

11º Eqüidade

Por que *eqüidade* e não *justiça*?

A justiça é a realização das convenções estabelecidas. Mas os convênios não podem prever tudo; é necessário interpretá-los pormenorizadamente ou suprir sua insuficiência.

Para que o pessoal seja estimulado a empregar no exercício de suas funções toda a boa vontade e o devotamento de que é capaz, é preciso que ele seja tratado com benevolência; e eqüidade resulta da combinação da benevolência com a justiça.

A eqüidade não exclui nem a energia nem o rigor. Exige, em sua aplicação, muito bom senso, muita experiência e muita vontade.

Anelo de eqüidade, desejo de igualdade, são aspirações que se devem ter muito em conta no trato do pessoal. Para dar a essas necessidades a maior satisfação possível, sem descurar de nenhum princípio e sem perder de vista o interesse geral, o chefe da empresa deve constantemente pôr em jogo as mais altas qualidades que possui. Ele deve ter a preocupação constante de instilar o sentimento de eqüidade em todos os níveis da hierarquia.

12º Estabilidade do Pessoal

Um agente precisa de tempo para iniciar-se em uma nova função e chegar a desempenhá-la bem – admitindo que seja dotado das aptidões necessárias.

Se ele for deslocado assim que sua iniciação acabar ou antes que ela termine, não terá tido tempo de prestar serviço apreciável.

E, se a mesma coisa se repetir indefinidamente, a função jamais será bem desempenhada.

As desastrosas conseqüências de tal *instabilidade* são sobretudo temíveis nas grandes empresas, onde a iniciação dos chefes é geralmente longa. É necessário muito tempo, com efeito, para tomar conhecimento dos homens e das coisas de uma grande empresa, para estar em condições de formular um programa de ação, para adquirir confiança em si mesmo, e inspirar confiança aos outros. Constata-se, amiúde, que um chefe de mediana capacidade, mas estável, é infinitamente preferível a chefes de alta capacidade, porém instáveis.

Em geral, o pessoal dirigente das empresas prósperas é estável; o das empresas infelizes é instável. A instabilidade é, ao mesmo tempo, causa e efeito de más situações. A aprendizagem de um grande chefe é geralmente muito onerosa.

Entretanto, as mudanças de pessoal são inevitáveis: a idade, as moléstias, as aposentadorias e a morte perturbam a constituição do corpo social; alguns agentes se tornam incapazes de desempenhar suas funções, enquanto outros se tornam aptos a arcar com maiores responsabilidades.

Como todos os outros princípios, o da *estabilidade* é também uma questão de medida.

13º Iniciativa

Conceber um plano e assegurar-lhe o sucesso é uma das mais vivas satisfações que o homem inteligente pode experimentar; é, também, um dos mais fortes estimulantes da atividade humana.

Essa possibilidade de conceber e de executar é o que se chama *iniciativa*. A liberdade de propor e a de executar são, também, cada uma de per si, elementos de iniciativa.

Em todos os níveis da escala social, o zelo e a atividade dos agentes aumentam com a iniciativa.

A iniciativa de todos, juntando-se à do chefe, e, se necessário, suprindo-a, é uma grande força para as empresas. Isso se percebe principalmente nos momentos difíceis.

É necessário, pois, encorajar e desenvolver bastante essa faculdade.

É preciso ter muito tato e certa dose de virtude para excitar e manter a iniciativa de todos, dentro dos limites impostos pelo respeito da autoridade e da disciplina. O chefe deve saber sacrificar, algumas vezes, seu amor-próprio para dar satisfações dessa natureza a seus subordinados.

De resto, em igualdade de circunstâncias, um chefe que sabe induzir seu pessoal ao espírito de iniciativa é infinitamente superior a outro que não o sabe.

14º União do Pessoal

O provérbio "A união faz a força" impõe-se a meditação dos chefes de empresa.

A *harmonia* e a união do pessoal de uma empresa são grande fonte de vitalidade para ela. É necessário, pois, realizar esforços para estabelecê-la.

Entre os numerosos meios a empregar, assinalarei, particularmente, um princípio a observar e dois perigos a evitar. O princípio a observar é a *unidade de comando*; os perigos a evitar são:

a) má interpretação da divisa "dividir para reinar";
b) abuso das comunicações escritas.

a) Não se deve dividir o pessoal. Dividir as forças inimigas para enfraquecê-las é conservar, mas dividir seu próprio pessoal é grave falta contra a empresa.

Resulta essa falta de insuficiente capacidade administrativa, de imperfeita compreensão das coisas ou de um egoísmo que sacrifica o interesse geral a um interesse pessoal. Ela é sempre condenável porque é prejudicial à empresa.

Não é necessário nenhum mérito para fomentar a divisão entre subordinados; está ao alcance de qualquer um. Ao contrário, é preciso verdadeiro talento para coordenar os esforços, estimular o zelo, utilizar as faculdades de todos e recompensar o mérito de cada um, sem despertar suscetibilidades ciumentas e sem perturbar a harmonia das relações entre o pessoal.

b) Abuso das comunicações escritas. Para tratar de uma questão de negócios ou para dar uma ordem que deve ser completada por explicações, é geralmente mais simples e mais rápido fazê-lo verbalmente que por escrito.

Sabe-se, de outro modo, que conflitos ou mal-entendidos, que se poderiam resolver numa conversa, envenenam-se, muitas vezes, quando tratados por escrito.

Destarte, conclui-se que, sempre que possível, as relações devem ser verbais. Ganha-se com isso em rapidez, clareza e harmonia.

Acontece, entretanto, que em algumas empresas os agentes de serviços vizinhos, que têm entre si necessidade de inúmeras informações, ou também os agentes de um mesmo serviço, que poderiam facilmente se encontrar, somente se comunicam por escrito. Daí advêm aumento de trabalho, complicações e demoras prejudiciais à empresa. Pode-se mesmo constatar que certa animosidade reina entre os serviços ou entre os agentes do mesmo serviço. O regime das comunicações escritas conduz habitualmente a tal resultado.

Há uma forma de pôr termo a esse regime detestável: interditar todas as comunicações escritas que possam facilmente e com vantagem ser substituídas pelas comunicações verbais.

Aqui, também, deparamos com uma questão de senso de medida.

Não é apenas pelos felizes efeitos da harmonia que reina entre os agentes de uma empresa que se manifesta o poder da *união*; as reuniões comerciais, os sindicatos, as associações de toda sorte desempenham papel considerável no governo dos negócios.

A importância do movimento associativo aumentou consideravelmente de cerca de meio século a esta data. Observei, em 1860, os operários da grande indústria sem coesão, sem liame, verdadeira poeira de indivíduos; o sindicato transformou-os em coletividades, que tratam de igual para igual com o patrão. Na mesma época, reinava entre as grandes empresas similares uma rivalidade aguda, que cedeu lugar pouco a pouco a relações corteses, permitindo ajustar, de comum acordo, a maior parte dos interesses mútuos. É o raiar de uma nova era que já modificou profundamente os hábitos e as idéias. Os chefes de empresa devem inteirar-se dessa evolução.

Interrompo aqui esta revista dos *princípios*, não porque a lista esteja esgotada – ela não tem limite preciso – mas porque me parece de utilidade, neste momento, dotar a doutrina administrativa de uma série de princípios bem estabelecidos, sobre os quais convém concentrar a discussão pública.

Os princípios precedentes são aqueles aos quais recorri muitas vezes. Exprimi, de modo simples, a seu respeito, minha opinião pessoal. Serão incorporados ao *código administrativo* a constituir-se? A discussão pública o decidirá.

Esse código é indispensável. Quer se trate de comércio, de indústria, de política, de religião, de guerra ou de filantropia, existe em toda empresa uma função administrativa a desempenhar; para tanto, é necessário apoiar-se sobre princípios, isto é, sobre verdades admitidas, consideradas como demonstradas. É o código que representa a cada instante o conjunto dessas verdades.

Pode parecer singular, à primeira vista, que os princípios da moral eterna, que as leis do Decálogo, que os Mandamentos da Igreja não sejam para o *administrador* um guia suficiente e que ele tenha necessidade de um código especial. Isto se explica: geralmente as leis superiores de ordem moral ou religiosa não têm em vista senão o indivíduo ou interesse que não são deste mundo; ora, os princípios de administração visam, de modo geral, ao êxito das associações e à satisfação de interesses econômicos. Sendo diferente o objetivo, não é de estranhar que os meios não sejam os mesmos. Não existe identidade e tampouco contradição.

Sem princípios, vive-se na obscuridade, no caos; sem experiência e sem medida, surgem as dificuldades, mesmo com os melhores princípios. O princípio é o farol que orienta: pode ser útil somente aos que conhecem o caminho do porto.

2

Elementos de Administração

1º PREVISÃO

A máxima "governar é prever" dá uma idéia da importância que se atribui à *previsão* no mundo dos negócios. É verdade que se a previsão não é toda do Governo, é dele, pelo menos, uma parte essencial. *Prever*, aqui, significa ao mesmo tempo calcular o futuro e prepará-lo; é, desde logo, agir.

A *previsão* tem uma infinita variedade de ocasiões e de maneiras de se manifestar; sua principal manifestação, sua pedra de toque, seu instrumento mais eficaz é o *programa de ação*.

O *programa de ação* é, ao mesmo tempo, o resultado visado, a linha de conduta a seguir, as etapas a vencer, os meios a empregar; uma espécie de quadro do futuro em que os acontecimentos próximos figuram com certa clareza, segundo idéias preconcebidas, e onde os acontecimentos distantes surgem mais ou menos vagos; é a marcha da empresa prevista e preparada para certo tempo.

O *programa de ação* repousa:

1º) sobre os recursos da empresa (imóveis, utensílios, matérias-primas, capitais, pessoal, capacidade de produção, mercados, relações sociais etc.);

2º) sobre a natureza e importância das operações em curso;

3º) sobre as possibilidades futuras, possibilidades que dependem, em parte, das condições técnicas de que não se podem determinar, de antemão, nem a importância nem o momento.

A preparação do *programa de ação* é uma das operações mais importantes e mais difíceis de toda empresa; ela põe em jogo todos os serviços e todas as funções e particularmente a função *administrativa*.

É, com efeito, para cumprir sua função de *administrador* que o chefe toma a iniciativa do programa de ação, indica seu objetivo e extensão, fixa a parte de cada serviço na obra comum, coordena as partes, harmoniza o conjunto, decide, enfim, qual a linha de conduta a seguir. Nessa linha de conduta, é preciso não somente que nada entre em choque com os princípios e as regras de uma boa administração, mas ainda que as disposições adotadas facilitem a aplicação desses princípios e dessas regras.

Às diversas capacidades técnicas, comerciais, financeiras e outras necessárias ao chefe da empresa e a seus colaboradores para estabelecer o programa de ação deve-se acrescentar grande capacidade administrativa.

Caracteres gerais de um bom programa de ação

Ninguém contesta a utilidade do programa de ação; é indispensável que antes de agir se saiba o que se pode e o que se quer fazer. Sabe-se que a falta do programa é acompanhada de hesitações, falsas manobras, mudanças intempestivas de orientação, que são causas de fraqueza senão de ruína para os negócios. A questão da necessidade do programa de ação não se discute e eu creio exprimir a opinião geral ao dizer que o programa de ação é *indispensável*.

Mas há programas e programas: há os simples, os complexos, os sucintos, os detalhados, os de longa ou de curta duração; há os que foram estudados com minuciosa atenção, outros tratados ligeiramente; há os bons, os medíocres e os maus.

Como distinguir os bons dos demais?

Sobre o valor real de um programa, isto é, sobre os serviços que ele pode prestar à empresa, somente a experiência pode pronunciar-se soberanamente. É preciso, ainda, ter-se em conta a maneira pela qual é aplicado. Há o instrumento e o artista.

Existem, entretanto, alguns caracteres gerais sobre os quais se pode chegar a um acordo preliminar sem esperar o pronunciamento da experiência.

A *unidade de programa*, por exemplo. Não pode haver em ação mais de um programa de cada vez: dois programas diferentes dariam origem à dualidade, à confusão, à desordem.

Mas um programa pode dividir-se em muitas partes. Na grande empresa, encontramos, em harmonia com o programa *geral*, um programa *técnico*, um programa *comercial*, um programa *financeiro* etc., ou, ainda, um programa *de conjunto* detalhado em programas *particulares* para cada serviço. Mas todos esses programas são entrelaçados, unidos, de maneira a constituírem um todo, e qualquer modificação num deles imediatamente se refletirá no conjunto.

A ação diretiva do programa deve ser *contínua*. Ora, os limites da perspicácia humana restringem forçosamente a duração dos programas. Para que não haja solução de continuidade na ação diretiva, é preciso que um segundo programa suceda ao primeiro sem interrupção, um terceiro ao segundo, e assim por diante.

Na grande empresa, o programa *anual* é de uso mais ou menos geral. Outros programas, de maior ou menor duração, sempre intimamente harmonizados com o programa anual, funcionam simultaneamente com este último.

O programa deve ser *bastante flexível*, suscetível de se adaptar às modificações julgadas necessárias, seja sob a pressão dos acontecimentos, seja por outra razão qualquer. Depois, como antes, ele é a lei ante a qual todos se inclinam.

Outra qualidade do programa é a de ter o máximo de *precisão* compatível com o desconhecido que pesa sobre os destinos da empresa. Habitualmente, é possível traçar a linha de conduta próxima com grande grau de precisão. Uma simples *diretriz* convém às operações distantes; antes que surja o momento de executá-las, ter-se-ão conquistadas as luzes necessárias à fixação da linha de conduta. Quando a parte desconhecida é relativamente grande, o programa não pode ter precisão alguma; o empreendimento toma, então, o nome de *aventura*.

Unidade, continuidade, flexibilidade e precisão, tais são os caracteres gerais de um bom programa de ação.

Quanto às outras qualidades particulares que ele deve possuir e que dependem da natureza, da importância e das condições da empresa para qual foi feito, não é possível fixá-las previamente, a não ser comparando-as com as de outros programas que foram reconhecidos como *bons* para negócios análogos. É necessário, pois, para cada caso, procurar, na prática dos negócios, elementos de comparação, modelos, como faz o arquiteto que tem uma construção a edificar. Mais bem servido que o administrador, o arquiteto pode recorrer a álbuns e a cursos de arquitetura; não existem álbuns de programas de ação; não há ensino de previsão; a doutrina administrativa está por se fazer.

Os bons programas não faltam; tem-se uma idéia do que são segundo a marcha dos negócios, mas não se tem deles uma idéia muito nítida para bem conhecê-los e julgá-los. Seria, no entanto, muito útil a todos que devem administrar saber como os chefes experimentados se conduzem na elaboração de seus programas. Bastariam alguns exemplos bem escolhidos.

A título de documentação ou de amostra, vou expor o método que é seguido, há muito tempo, em grande empresa mineira e metalúrgica que conheço a fundo.

Modo de estabelecer o programa de ação em uma grande empresa mineira e metalúrgica

Esta sociedade compreende vários estabelecimentos distintos e ocupa, aproximadamente, dez mil agentes.

O programa de conjunto compõe-se de uma série de programas diferentes denominados *previsões*.

Há as previsões *anuais, decenais, mensais, hebdomadárias, diárias*; há previsões a *longo prazo*, previsões *especiais* etc. E todas essas previsões se fundem num só programa que serve de *diretiva* à empresa.

I – Previsões anuais. Anualmente, dois meses após o fim de um exercício, é feito um *relatório geral* sobre as operações e os resultados do exercício. O relatório trata particularmente da produção, das vendas, da situação técnica, comercial e financeira, do pessoal, dos resultados econômicos etc.

O *relatório* é acompanhado de *previsões* sobre os mesmos assuntos. As *previsões* são uma espécie de exposição antecipada, detalhadamente feita, das operações e dos resultados prováveis do novo exercício.

Os dois primeiros meses do novo exercício não ficaram sem programa, graças às *previsões provisórias* feitas quinze dias antes do fim do exercício precedente.

Numa grande empresa mineira e metalúrgica, há poucas operações que terminam inteiramente seu ciclo no curso de um ano. As combinações técnicas, comerciais e financeiras, que provocam a atividade da empresa, exigem mais tempo para seu preparo e realização.

De outra parte, é preciso ter em conta a repercussão que as operações próximas terão sobre as operações ulteriores e a obrigação de preparar, às vezes com grande antecedência, um estado de coisas conveniente.

Enfim, é necessário pensar nas constantes modificações que se manifestam na situação técnica, comercial, financeira e social do mundo industrial em geral e da empresa em particular e não se deixar surpreender pelos acontecimentos.

Essas diversas considerações saem do quadro das *previsões anuais* e conduzem a previsão para prazos mais longos ainda.

II – Previsões decenais. As preveniões *decenais* tratam dos mesmos assuntos das previsões *anuais*.

No início, ambas são idênticas; as previsões *anuais* se confundem com o primeiro ano das previsões *decenais*. Mas a partir do segundo ano surgem notáveis divergências.

Para conservar a unidade de programa, é necessário, anualmente, harmonizar as previsões *decenais* com as previsões *anuais*, se bem que ao cabo de alguns anos as previsões *decenais* sejam, geralmente, de tal modo modificadas e transformadas, que já não sejam claras, sentindo-se a necessidade de refazê-las. E, com efeito, estabeleceu-se o hábito de refazê-las a cada cinco anos.

A regra é que as previsões *decenais* abranjam uma década e que sejam refeitas a cada cinco anos. Assim, tem-se sempre uma linha traçada com antecedência para cinco anos, pelo menos.

III – Previsões especiais. Há operações cujo ciclo ultrapassa um ou mesmo vários períodos decenais; há outras que, surgindo de repente, devem modificar sensivelmente as condições da empresa. Umas e outras são objeto de previsões *especiais*, cujas conclusões, naturalmente, se enquadram nas previsões *anuais* e *decenais*. Não se deve jamais esquecer que não existe senão um só programa.

Essas três espécies de previsões – *anuais, decenais* e *especiais* – fundidas e harmonizadas, constituem o *programa geral* da empresa.

Preparadas com minucioso cuidado e individualmente pelas direções locais, com o concurso dos chefes de serviço, revistas, modificadas, completas pela direção-geral e submetidas ao exame e à aprovação do Conselho de Administração, essas previsões transformam-se no *programa* que servirá de guia, de diretiva, de lei, para todo o pessoal, enquanto não for substituído por outro.

Eis, nas páginas seguintes, a tabela das matérias tratadas nas previsões *anuais* e *decenais* e um modelo dos quadros que completam e resumem essas previsões.

PREVISÕES ANUAIS OU DECENAIS

TÁBUA DAS MATÉRIAS
Parte técnica

Concessões – Imóveis – Material
Exploração – Fabricação – Produção
Trabalhos novos – Melhoramentos
Conservação dos imóveis e do material
Preço de custo

Parte Comercial

Mercados
Produtos disponíveis para a venda
Escritórios – "Acordos"
Clientes: Importância – Solvência
Preço de venda

Parte financeira

Capital – Empréstimos – Depósitos

Ativo circulante { Provisões / Mercadorias / Devedores / Fundos líquidos

Ativo disponível
Reservas e provisões diversas

Credores { Salários / Fornecedores / Diversos

Amortizações – Dividendos – Banqueiros

Contabilidade

Balanço – Lucros e perdas – Estatística

Segurança

Medidas tomadas contra os acidentes
Guardas – Contencioso – Serviço de saúde
Seguros

Administração

Programa de ação
Organização do pessoal – Recrutamento
Comando
Coordenação – Conferências
Controle

PREVISÕES DECENAIS

PRODUÇÃO

ANOS	MINAS DE CARVÃO			Mina de Ferro	FÁBRICAS				Total
	A	B	Total	C	D	E	F		

LUCROS E PERDAS

ANOS	MINAS DE CARVÃO			Mina de Ferro	FÁBRICAS				Total	SOCIEDADES FILIADAS			Serviço Central	Conjunto
	A	B	Total	C	D	E	F		Minas	Fábrica	Total		

GASTOS EM NOVAS INSTALAÇÕES

ANOS	ESTABELECIMENTOS						Total
	A	B	C	D	E	F	

EMPREGO DOS LUCROS

ANOS	Lucros	Dividendos	DISTRIBUIÇÃO			Saldo
			Acionistas		Total	

FUNDOS DISPONÍVEIS

ANOS	Disponível no começo do ano M	Lucros	A SOMAR: DIMINUIÇÃO DE					AUMENTO DE					Realização de Imóveis	TOTAL N	Conjunto M + N
			Existências	Devedores	Fianças	Depósitos	Credores	Provisões	Fund. de Previsão			

ANOS	Soma anterior M + N	Lucros distribuídos	Trabalhos novos	A DEDUZIR: AUMENTO DE					DIMINUIÇÃO DE					Entrega às Filiadas			TOTAL O	Disponível ao fim do ano M + N − O
				Existências	Devedores	Fianças	Depósitos	Credores	Provisões	Fund. de Previsão	Minas	Fábricas	Adiantamentos		

Faz cinqüenta anos que comecei a empregar esse sistema de previsões. Trata-se da direção de uma mina de carvão-de-pedra. Prestou-me tais serviços, que não hesitei em aplicá-lo depois às diversas indústrias cuja direção me foi confiada. Considero-o precioso instrumento de direção cujo emprego não vacilo em recomendar àqueles que não dispõem de outro instrumento melhor.

Apresentam-se alguns movimentos na sua aplicação, mas esses representam pouca coisa em comparação com as vantagens que ele proporciona.

Examinemos de relance suas vantagens e seus inconvenientes.

VANTAGENS E INCONVENIENTES DAS PREVISÕES

a) O estudo de recursos, das possibilidades futuras e dos meios a empregar para alcançar o objetivo, exige a intervenção de todos os chefes de serviço no campo de suas atribuições; cada um traz, neste estudo, o concurso de sua experiência, com o sentimento da responsabilidade que lhe será atribuída na realização do programa.

Existem aí excelentes condições para que nenhum dos recursos seja negligenciado, para que as possibilidades sejam avaliadas com coragem e prudência e para que os meios sejam bem adaptados ao fim.

Sabendo o que pode e o que quer, a empresa empreende marcha firme; aborda os negócios correntes com segurança e está preparada para dirigir todas as suas forças contra as surpresas e os acidentes de qualquer natureza que se possam apresentar.

b) A confecção do programa anual é sempre uma operação delicada; é, particularmente, longa e trabalhosa, quando efetuada pela primeira vez. Mas cada renovação ocasiona alguma simplificação e, desde que o programa se torne um hábito, as dificuldades e os obstáculos são grandemente reduzidos.

O interesse que ele apresenta vai, ao contrário, aumentando cada vez mais; a atenção que requer a realização do programa, a comparação que se impõe entre os fatos previstos e os fatos reais, a verificação dos erros cometidos, bem como dos êxitos obtidos, a procura dos meios de reproduzir estes e evitar aqueles, tudo isso faz do novo programa um trabalho cada vez mais interessante e mais útil.

Efetuando esse trabalho, o pessoal aumenta seu valor de ano para ano e no fim de certo tempo se torna muito superior ao que era no início.

Em verdade, esse resultado não é devido unicamente ao exercício da previsão, mas tudo se entrelaça: um programa bem estudado inclui, ordinariamente, práticas sadias de organização, de comando, de coordenação e de controle. Esse elemento da *administração* influi sobre todos os outros.

c) A falta de continuidade na ação e as mudanças injustificadas de orientação são perigos que ameaçam constantemente os negócios sem programa. O menor vento contrário faz mudar de direção o navio que não está preparado para resistir. Quando surgem acontecimentos graves, mudanças lamentáveis de orientação podem ser decididas sob a influência de uma agitação profunda mas passageira. Somente um programa maduramente estudado num período de calma permite conservar clara visão do futuro e concentrar sobre o perigo presente a maior soma possível de faculdades intelectuais e de forças materiais.

É sobretudo nos momentos difíceis que um programa é necessário. O melhor dos programas não pode prever com antecedência todos os acontecimentos extraordinários que podem surgir; mas ele os considerou em parte e preparou as armas de que se poderá precisar no momento das surpresas.

O programa defende a empresa não só contra as mudanças inoportunas de orientação, que podem ocasionar graves acontecimentos, mas, também, contra as que provêm simplesmente da versatilidade das autoridades superiores. Protege-a, também, contra os desvios de direção, a princípio insensíveis, que acabariam por afastá-la de seu objetivo.

CONDIÇÕES E QUALIDADES NECESSÁRIAS AO ESTABELECIMENTO DE UM BOM PROGRAMA DE AÇÃO

Em resumo, o programa de ação facilita a utilização dos recursos da empresa e a escolha dos melhores meios a empregar para atingir o objetivo; ele suprime ou reduz as hesitações, as falsas manobras, as mudanças injustificadas de orientação e contribui para a melhoria do pessoal.

É um precioso instrumento de governo.

É natural que se pergunte por que tal instrumento não é usado em toda parte e levado ao seu mais alto grau de perfeição. A razão é que sua elaboração exige do pessoal dirigente certo número de qualidades e de condições bastante difíceis de reunir.

A feitura de um bom programa de ação exige do pessoal dirigente:

1º) arte de lidar com os homens;
2º) muita atividade;
3º) certa coragem moral;
4º) grande estabilidade;
5º) alguma competência na especialidade profissional da empresa;
6º) certa experiência geral dos negócios.

1º Arte de lidar com os homens. Numa grande empresa, a maior parte dos chefes de serviço participa da elaboração do programa de trabalho. Essa tarefa vem, por intervalo, agregar-se ao trabalho quotidiano comum. Implica certa responsabilidade e não dá direito, habitualmente, a nenhuma remuneração especial.

Para obter dos chefes de serviço, nessas condições, uma colaboração real e ativa, é necessário um hábil condutor de homens, que não tema nem o trabalho nem as responsabilidades. Reconhece-se o líder na dedicação dos subordinados e na confiança dos superiores.

2º Atividade. As previsões anuais, as previsões decenais e as previsões especiais exigem da parte do pessoal dirigente atenção contínua.

3º Coragem moral. Sabe-se que o programa, por melhor que seja estudado, nunca será realizado integralmente. As previsões não são profecias. Elas têm em mira reduzir ao mínimo os imprevistos.

Contudo, o público e, mesmo entre os interessados da empresa, os mais esclarecidos sobre a marcha dos negócios não demonstram boa vontade para com o chefe que faz nascer ou deixa nascer esperanças não realizadas. Daí a necessidade de certa prudência, que é preciso conciliar com a obrigação de fazer todos os preparativos compatíveis com a procura do melhor resultado possível.

Os tímidos são tentados a suprimir o programa ou torná-lo tão insignificante que não dê lugar à crítica. É um cálculo errado, mesmo do ponto de vista pessoal. A ausência de programa, que compromete a marcha dos negócios, expõe o chefe a responsabilidades infinitamente mais graves que a de dever explicar a realização imperfeita das previsões.

4º Estabilidade do pessoal dirigente. Transcorrerá longo tempo antes que um novo diretor tenha adquirido suficiente conhecimento das operações em curso, do valor dos agentes, dos recursos da empresa, de sua organização geral e de suas possibilidades futuras, para tratar utilmente da leitura do programa de ação. Se, nesse momento, ele percebe que não disporá do tempo necessário para determinar esse trabalho ou tão-somente para o início da sua realização e, se de outro modo, está convencido de que o trabalho, condenado à esterilidade, não pode despertar senão críticas, pode-se esperar que ele o execute com ardor ou mesmo que o tome a seu cargo, se a isso estiver obrigado? É preciso contar com a natureza humana.

Sem estabilidade do pessoal dirigente não pode haver um bom programa de ação.

5º e 6º Competência profissional e conhecimento geral dos negócios. Trata-se de capacidades tão necessárias à confecção do programa quanto à sua realização.

Tais são as condições necessárias à feitura de um bom programa de ação. Elas implicam uma direção inteligente, experimentada.

Um mau programa ou a ausência de programa são sinais de incapacidade do pessoal dirigente.

Para proteger os negócios contra essa incapacidade é preciso:

1º) Tornar o programa *obrigatório*.

2º) Colocar ao alcance do público bons modelos de programas. (Podem-se pedir tais modelos às empresas prósperas. A experiência e a discussão pública apontarão os melhores.)

3º) Introduzir a *previsão* nos programas de ensino.

Desse modo, a opinião pública poderá esclarecer-se e exercer influência sobre o pessoal dirigente, cuja incapacidade será menos de temer, o que não diminuirá absolutamente a importância relativa dos homens de valor.

Não entrarei aqui em nenhum detalhe sobre as previsões mensais, hebdomadárias e quotidianas, usadas na maioria das empresas e que, como as previsões de longa duração, têm por objetivo traçar antecipadamente a linha de conduta julgada mais favorável ao sucesso.

Todas essas previsões devem estar prontas com a devida antecedência, dando tempo para preparar a sua realização.

Previsão Nacional

A nação francesa é previdente; seu Governo não é.[1]

Estabeleçamos primeiro os fatos; procuraremos depois o remédio.

O legendário *pé-de-meia* francês não deixa dúvida alguma sobre a previsão da parte menos abastada da população; ela economiza para melhorar sua situação e prevenir-se contra a possibilidade de piores dias. As referências elogiosas que lhe fazem provam que não se trata de um costume universal. Essa previsão demonstra a virtude de se impor privações para atingir um fim; ela não exige grande esforço intelectual.

A vida doméstica dos trabalhadores de elite e dos contramestres é, amiúde, um modelo de previsão e de organização, do qual a mulher é a principal figura; a razão é o desejo de uma elevação social, para os filhos, pelo menos. O programa já exige alguns cálculos, mas pode estar circunscrito ao cérebro do chefe da casa.

---

1. Isso foi escrito há muito tempo. No capítulo Lições da Guerra, apresentarei as reflexões que os recentes acontecimentos me inspiram.

Na pequena indústria ou no pequeno comércio, os negócios mais complexos exigem grau de previsão maior. Os que não são dotados dessa capacidade pagam-no caro.

Geralmente, rende-se homenagem às qualidades da nossa classe média.

Nós sabemos qual é a importância da previsão na grande empresa e que qualidades ela exige do pessoal dirigente: competência profissional, experiência, capacidade administrativa, atividade, coragem, moral etc. Esse conjunto de qualidades encontramos na maioria das grandes empresas francesas.

Não se pode dizer o mesmo do Estado Francês, pelo julgamento que nos proporciona a leitura dos debates parlamentares.

As *previsões anuais* (orçamento) raramente ficam prontas em tempo útil.

As *previsões a longo termo* são raras.

Nessa imensa empresa, que tem necessidade de extrema previsão, vive-se ao sabor das circunstâncias.

Por quê?

A razão imediata é a *instabilidade ministerial*.

Os ministros que se sucedem ininterruptamente não têm tempo para adquirir a competência profissional, a experiência dos negócios e a capacidade administrativa indispensáveis a elaboração de um programa de ação. A eloqüência da tribuna que, em verdade, é de necessidade primordial para um ministro, não o exime dos conhecimentos que a prática dos negócios e o exercício do poder proporcionam ao fim de certo tempo. Certa *estabilidade* se lhe impõe.

A instabilidade ministerial é uma praga para o país. No dia em que a opinião pública capacitar-se disso, os partidos, sabendo que esse jogo se tornou perigoso, a ele não se entregarão tão afoitamente como agora.

Outro motivo da imprevisão do Estado é a falta de responsabilidade dos dirigentes. A responsabilidade *financeira*, por exemplo, poderoso estimulante dos chefes de negócios privados, é quase nula no Estado. O remédio para esse mal também se acha na *estabilidade ministerial* que liga o ministro à sua obra e lhe dá o valor moral, única e real garantia da gestão das grandes empresas.

Por conseguinte, do ponto de vista da *previsão*, é necessário envidar os maiores esforços para se chegar à *estabilidade ministerial*.

2º ORGANIZAÇÃO

Organizar uma empresa é dotá-la de tudo que é útil a seu funcionamento: matérias-primas, utensílios, capitais e pessoal.

Podem-se fazer nesse conjunto duas grandes divisões: o organismo *material* e o organismo *social*.

Trataremos, aqui, apenas do segundo.

Provido dos recursos materiais necessários, o pessoal, ou o corpo social, deve ser capaz de cumprir as seis funções essenciais, isto é, executar todas as operações que a empresa comporta.

Missão administrativa do corpo social

Entre o corpo social da empresa *rudimentar*, onde apenas um homem desempenha todas as funções, e o da empresa *nacional*, que emprega milhões de indivíduos, encontramos todas as variações possíveis.

Em todos os casos, porém, o corpo social tem de desempenhar a seguinte missão *administrativa*:

1º) velar para que o programa de ação seja maduramente preparado e firmemente executado;
2º) velar para que o organismo social e o organismo material tenham relação com o objetivo, os recursos e as necessidades da empresa;
3º) estabelecer uma direção única, competente e forte;
4º) concatenar as ações e coordenar os esforços;
5º) formular decisões claras, nítidas e precisas;
6º) concorrer para que se efetue um bom recrutamento, tendo cada serviço em sua direção um homem competente e ativo, e que cada agente esteja no lugar em que possa render o máximo;
7º) definir claramente as atribuições;
8º) encorajar o gosto pelas iniciativas e responsabilidades;
9º) remunerar eqüitativa e habilmente os serviços prestados;
10º) aplicar sanções contra as faltas e os erros;
11º) manter a disciplina;
12º) velar para que os interesses particulares sejam subordinados ao interesse da empresa;
13º) dar particular atenção à unidade de seu comando;
14º) zelar pela ordem material e social;
15º) manter tudo sob controle;
16º) combater os abusos de regulamento e de formalismo burocrático, a papelada etc.

Tal é a missão *administrativa* que o pessoal de qualquer empresa deve desempenhar. É simples na empresa rudimentar, mas se complica cada vez mais, à medida que a empresa ganha importância e o pessoal se torna mais numeroso.

Verificaremos primeiro que, apesar da infinita diversidade das empresas, todos os corpos sociais de igual importância numérica têm, entre si, grande semelhança exterior e que eles diferem sobretudo pela natureza e pelo valor de seus elementos constitutivos.

Examinaremos a seguir os órgãos do corpo social, bem como os indivíduos que compõem esses órgãos, e descobriremos quais as condições que uns e outros devem preencher para que o corpo social seja bem constituído.

Finalmente, ocupar-nos-emos do recrutamento e da formação do pessoal das empresas.

Constituição do corpo social

A – FORMA DO CORPO SOCIAL EM SEUS DIVERSOS GRAUS DE DESENVOLVIMENTO – SEMELHANÇAS – IMPORTÂNCIA DO FATOR INDIVIDUAL – ANALOGIAS

A forma geral do corpo social depende quase exclusivamente do número dos agentes da empresa.

Consideremos, primeiro, a empresa *industrial* representada, em seus diversos graus de desenvolvimento, pelas figuras do quadro nº 6.

a) É o artífice único da empresa rudimentar.

b) É o pessoal da pequena empresa, onde poucos trabalhadores recebem ordens diretas do chefe de empresa.

c) Quando o número dos trabalhadores se eleva a dez, vinte, trinta ou mais, segundo o caso, um contramestre, um intermediário intervém entre o chefe e o todo ou uma parte dos trabalhadores. O corpo social toma, então, forma.

d-g) Cada novo grupo de dez, vinte, trinta trabalhadores faz surgir um novo contramestre; dois, três, quatro ou cinco contramestres implicam a nomeação de um chefe de oficina; dois, três, quatro ou cinco chefes de oficina dão origem a um chefe de divisão . . . O número de graus hierárquicos continua, assim, a aumentar, até atingir o chefe supremo, não tendo geralmente cada novo chefe mais de quatro ou cinco subordinados diretos.

À razão de quinze trabalhadores por contramestre e de quatro chefes de um grupo qualquer Cn para um superior Cn+1, o número de trabalhadores de uma empresa será:

com o chefe inicial	C,	de	15
–	C1,	de	60
–	C2,	de	240
–	C3,	de	960
–	C4,	de	3.840
–	C5,	de	15.360
–	C6,	de	61.440
–	C7,	de	245.760
–	C8,	de	983.040
–	C9,	de	3.932.160
–	C10,	de	15.728.640
–	C11,	de	62.914.560
–	C12,	de	251.658.240

Eu cito cifras – que são as de uma simples progressão geométrica cujo primeiro termo é 15 e cuja razão é 4 – a fim de mostrar que o modo de desenvolvimento ordinário do corpo social se presta bem ao grupamento de um número qualquer de agentes e que o número de graus hierárquicos das maiores empresas é bastante limitado. Se marcarmos cada grau hierárquico por um galão, o número de galões dos mais altos chefes de indústria não passará de oito ou nove e dos maiores chefes políticos ou religiosos de dez ou doze.

O corpo social de toda sorte de empresas constitui-se da mesma maneira que o das empresas industriais, de modo que, *no mesmo grau de desenvolvimento*, todos os corpos sociais se assemelham. Essa semelhança se explica pela identidade das funções nas empresas de igual espécie ou pela existência de uma maioria de funções semelhantes nas empresas de natureza diferente. Ela é completa nas empresas de igual espécie; incompleta, e muito acentuada ainda, nas outras.

QUADRO Nº 6

Forma de corpo social em seus diversos graus de desenvolvimento.

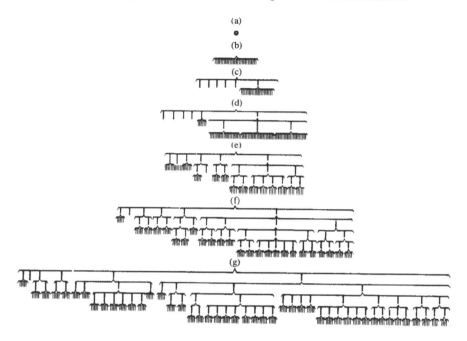

Como exemplo, vêem-se, adiante, dois gráficos (nºs 7 e 8), que representam os quadros de duas empresas *industriais* de natureza diferente – uma mina de carvão-de-pedra e uma usina metalúrgica – ocupando cada uma mil ou dois mil trabalhadores.

QUADRO Nº 7
Usina Metalúrgica

DIREÇÃO – Diretor e seu Estado-Maior
FABRICAÇÃO – Engenheiro Principal

Altos fornos Chefe de serviço	Provisões Fabricação	Encarregado da vigilância Capataz-chefe
Fabricação de aço Chefe de serviço	Tomas Martins	Engenheiro Engenheiro
Laminadores Chefe de serviço	Reversível Laminadores médios Laminadores pequenos Fabricação de chapas	Capataz Engenheiro
Laboratórios e ensaios		Químico
Conservação e diversos Chefe de serviço	Conservação Eletricidade	Chefe de oficina Capataz
Serviço comercial Chefe de serviço	Compras Vendas Depósitos	Chefe Chefe Guarda
Contabilidade Chefe de serviço	Técnica Comercial e Geral	Contador Contador
Caixa		Caixa
Diversos	Contencioso Serviço médico Polícia	Chefe de serviços Médicos Guardas

QUADRO Nº 8

Mina de Carvão-de-pedra

DIRETOR – Diretor e seu Estado-Maior
EXPLORAÇÃO – Engenheiro Principal

Trabalhos subterrâneos	1ª divisão 2ª divisão 3ª divisão 4ª divisão Serviço de plantas	Engenheiro Engenheiro Engenheiro Engenheiro Chefe de oficina
Carreiros		Engenheiro
Preparação mecânica Chefe de Serviço	Classificação Lavagem Amálgama Carbonização Laboratório	Encarregado Encarregado Encarregado Encarregado Químico
Transportes Chefe de Serviço	Dotações Ferrovias	Encarregado Encarregado
Conservação, consertos e diversos Chefe de Serviço	Mecânica Eletricidade Edifícios e estradas	Engenheiro Engenheiro Engenheiro
Serviço comercial	Compras Vendas Armazéns	Chefe Chefe Guarda
Contabilidade Contador	Técnica Comercial e geral	Contador Contador
Caixa		Caixa
Diversos	Contencioso Serviço médico Polícia	Chefe de Serviço Médicos Guardas

Observam-se o mesmo aspecto geral, os mesmos serviços principais, tendo idênticas denominações, porém o serviço técnico se chama *fabricação* num caso e *exploração* em outro.

O mesmo quadro convém a todas as empresas industriais que ocupem igual número de trabalhadores, seja qual for sua natureza.

Nas empresas industriais, predomina o serviço técnico; se se tratasse de empresas comerciais, seria o serviço *comercial*; seria o serviço militar no exército, o serviço pedagógico na escola, o serviço religioso na igreja. O órgão de maior desenvolvimento é o da função profissional característica da empresa. Mas, em seu conjunto, o corpo social tem sempre o mesmo grau de desenvolvimento e idêntico aspecto geral.

Mesmo aspecto geral não quer dizer igual constituição íntima, idêntico valor orgânico. De dois corpos sociais de igual aparência, um pode ser excelente, o outro mau, segundo o valor dos indivíduos que o compõem.

Se se pudesse fazer abstração do fator individual, seria muito fácil constituir um organismo social. Estaria isso ao alcance do primeiro que tivesse alguma idéia dos modelos correntes e dispusesse dos capitais necessários. Mas para criar um corpo social útil não basta agrupar homens e distribuir funções; é preciso saber adaptar o organismo às necessidades, encontrar os homens necessários e colocar cada um no lugar onde pode produzir o máximo; em suma, são precisas numerosas e reais qualidades.

Compare-se, freqüentemente, o corpo social das empresas a uma *máquina*, a um *vegetal*, a um *animal*.

As expressões "máquina administrativa" e "engrenagem administrativa" dão idéia de um organismo que obedece ao impulso do chefe e no qual todas as partes, bem ligadas, se movem harmoniosamente, visando ao mesmo fim. E isso é excelente. Mas elas poderiam, também, dar a impressão de que, como a engrenagem mecânica, a engrenagem administrativa não pode transmitir movimento sem perda de força. É essa uma idéia falsa: a engrenagem administrativa — todo chefe intermediário — pode e deve ser produtora de movimento e de idéias. Há sempre em cada uma dessas engrenagens, em cada um desses chefes intermediários, uma força de iniciativa que, bem empregada, pode aumentar consideravelmente o poder de ação do chefe da empresa.

Não é pois unicamente no desperdício da força inicial, através da multiplicidade das transmissões, que se deve procurar o limite de ação de um organismo administrativo. É, antes, na insuficiência da autoridade superior: a força centrífuga prevalece quando a força centrípeta enfraquece.

A vida vegetal tem sido, também, objeto de inúmeras aproximações com a vida social.

Do ponto de vista do desenvolvimento, do tenro e único caule da arvorezinha brotam ramos que se multiplicam e se cobrem de folhas. E a seiva leva a vida a todos os galhos, mesmo aos mais frágeis, como a ordem superior leva a atividade até às extremidades mais ínfimas e às mais afastadas do corpo social.

As árvores "não crescem até o céu", os corpos sociais têm também seus limites. Tratar-se-á de insuficiente força de ascensão da seiva no primeiro caso e de insuficiente capacidade administrativa no segundo?

Mas certa força, certo poder que a árvore, pelo seu desenvolvimento, sozinha não consegue alcançar pode ser conseqüência do agrupamento, da justaposição, da *floresta*. Isto é o que a empresa obtém por intermédio dos convênios, escritórios comerciais, trustes, federações. Cada unidade, conservando ampla autonomia, presta à comunidade um concurso que lhe é largamente compensador.

A partir de certa ordem de grandeza, que não pode ser senão dificilmente excedida, o agrupamento por *justaposição* é o meio de constituir poderosas associações e desenvolver individualidades ou coletividades vigorosas, com o mínimo de esforço administrativo.

É, sobretudo, ao animal que o ser social é amiúde comparado.

O homem desempenha no corpo social papel análogo ao da célula no animal: célula única na empresa rudimentar, milésima parte do corpo social na grande empresa.

O desenvolvimento do organismo opera-se pelo grupamento das unidades (homens ou células), pelos órgãos que vão aparecendo, diferenciando-se, aperfeiçoando-se, à medida que aumenta o número dos elementos reunidos.

No ser social, como no animal, pequeno número de funções essenciais realiza uma variedade infinita de operações. Podem ser feitas inúmeras aproximações entre as funções das duas espécies de organismos.

O sistema nervoso, principalmente, tem grandes analogias com o serviço administrativo. Presente e ativo em todos os órgãos, ele não tem geralmente nenhum membro especial e não é visível ao observador superficial. Recolhe, em todos os pontos, as sensações e as transmite primeiro aos centros inferiores, centros reflexos, e daí, se necessário, ao cérebro, à direção. Desses centros, ou do cérebro, parte em seguida a ordem que, por um caminho inverso, chega ao membro ou serviço que deve executar o movimento. O corpo social tem, como o animal, seus atos reflexos ou ganglionários executados sem intervenção imediata da autoridade superior. Sem a ação nervosa ou administrativa, o organismo se transforma numa massa inerte e desaparece rapidamente.

B – ÓRGÃOS OU MEMBROS DO CORPO SOCIAL

Esses órgãos são os que correspondem às seis funções essenciais.

Na empresa rudimentar, eles podem ser representados por um só agente; na empresa nacional, as funções essenciais, extremamente complexas e subdivididas, ocupam muita gente e conduzem à criação de órgãos ou subórgãos bastante numerosos.

Para estudar os órgãos do corpo social, tomarei primeiro para exemplo uma grande empresa industrial, constituída em sociedade anônima, ao mesmo tempo, mineira e metalúrgica, ocupando cerca de dez mil pessoas.

O gráfico seguinte representa os quadros do pessoal dessa empresa.

Da esquerda para a direita vemos primeiro o grupo dos acionistas, depois o Conselho de Administração, em seguida a direção-geral. Até aí o poder esteve concentrado. Desse ponto em diante, ele se dispersa e atinge os confins da empresa, passando pelas direções regionais e locais e pelos diversos chefes de serviço.

Podemos distinguir no corpo social da sociedade anônima os seguintes órgãos principais:

1º) Grupo de acionistas.
2º) Conselho de Administração.
3º) Direção-geral e seu estado-maior.
4º) Direções regionais e locais.
5º) Engenheiros chefes.
6º) Chefes de serviços.
7º) Chefes de oficina.
8º) Contramestres.
9º) Operários.

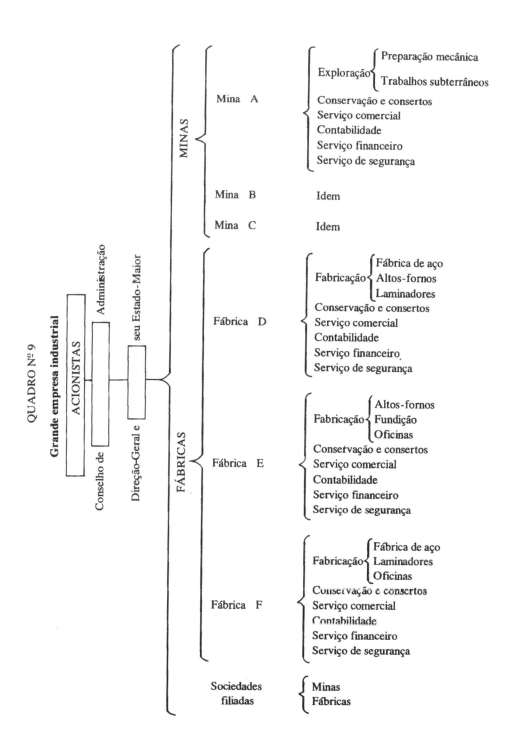

1º Acionistas

Suas atribuições são bem reduzidas. Consistem principalmente em:

a) nomear os membros do Conselho de Administração e os síndicos;

b) deliberar sobre as propostas do Conselho de Administração.

Reúnem-se pelo menos uma vez por ano.

O ato mais importante e mais difícil dos acionistas é o da escolha dos administradores.

2º Conselho de Administração

O Conselho de Administração possui poderes estatutários muito amplos. Esses poderes são coletivos.

Geralmente, delega grande parte de seus poderes à direção-geral por ele nomeada.

Deve estar à altura de apreciar as proposições da direção-geral e exercer controle geral. O quadro nº 5 especifica as diversas capacidades necessárias ao Conselho.

3º Direção-geral

A direção-geral é encarregada de *conduzir a empresa ao seu objetivo, procurando obter o maior proveito possível dos recursos de que ela dispõe*. É o poder executivo.

Prepara o programa de ação, recruta o pessoal, movimenta a empresa, assegura e controla a execução das operações.

Compõe-se, às vezes, de um só diretor-geral, outras vezes de vários.

O diretor-geral *único* pode estabelecer relações diretas com os diretores locais ou com os intermediários (chefes de grupos de estabelecimentos ou chefes de serviços gerais, técnicos, comerciais etc.).

Os diretores-gerais *múltiplos* dividem, entre si, as atribuições da direção--geral de diversas maneiras.

A *unidade* tem, sobre a *pluralidade*, a vantagem de facilitar a *unidade de pontos de vista, a unidade de ação, a unidade de comando*. Ela tende a prevalecer. Mas nessas questões o valor pessoal dos homens tem importância enorme, com reflexos sobre o sistema.

Em todos os casos, a direção-geral é auxiliada por um estado-maior.

Estado-maior – O estado-maior constitui-se de um grupo de homens dotados de força, competência e tempo, atributos que podem faltar ao diretor-geral; é um auxílio, um reforço, uma espécie de prolongamento da personalidade do chefe. Não é hierarquizado e só recebe ordens do diretor-geral. Esse grupo de agentes recebe o nome de estado-maior, no exército. Conservei esse nome na falta de outro mais adequado.

As atribuições desse organismo são as de auxiliar o chefe no cumprimento de sua missão pessoal. Se o chefe se encontra em condições de desempenhar, ele próprio, todas as obrigações de seu cargo, não tem necessidade do estado-maior; mas se suas forças ou seus conhecimentos são insuficientes, ou se o tempo lhe falta, ele tem necessidade de possuir assistentes, e são as pessoas que vêm em seu auxílio que constituem seu estado-maior.

Ora, são poucos os grandes chefes que podem exercer ao mesmo tempo:

1º) suas obrigações diárias de correspondência, recepções, conferências e diligências várias;
2º) comando e controle;
3º) estudos de toda ordem, que exigem o preparo de programas futuros e harmonização dos programas em curso;
4º) pesquisa de aperfeiçoamentos que é preciso introduzir constantemente em todos os setores.

Assim, vêem-se estados-maiores na maioria das grandes empresas, sob os aspectos mais diversos: secretários, consultores técnicos (engenheiros, juristas, financistas, contadores), comitês consultivos, escritórios de estudos, laboratórios etc.

Para que possam estar inteiramente à disposição do chefe e não tenham responsabilidade senão perante ele, os agentes do estado-maior não participam da execução dos serviços subordinados. Mas nada impede que qualquer agente fique durante parte de seu tempo ligado ao estado-maior e durante outra parte preste outro serviço qualquer. Nada impede tampouco que um agente do estado-maior não seja ligado exclusivamente à empresa. Um consultor técnico pode, por exemplo, dedicar utilmente ao estado-maior uma hora por dia ou por semana ou por mês. A constituição e o funcionamento do estado-maior se prestam a modalidades bem diversas. Basta que ele esteja inteiramente à disposição do chefe e que, graças à sua intervenção, todas as obrigações da direção possam ser satisfeitas.

Aperfeiçoamentos – Entre essas obrigações, uma das mais importantes é a pesquisa de aperfeiçoamentos. Sabe-se bem que uma empresa que não progride inferioriza-se perante seus rivais e que é necessário, conseqüentemente, ir em busca de progressos em todos os domínios.

Para a realização dos aperfeiçoamentos são necessários *métodos, competência, tempo, vontade e recursos financeiros.*

O *método* consiste em *observar, coligir, e classificar os fatos, interpretá--los, realizar experiências se preciso e tirar de todo esse conjunto de estudos regras que, sob o impulso do chefe, entrarão na prática dos negócios.*

A maior parte dos aperfeiçoamentos que elevaram a ciência dos negócios ao seu nível atual procede do mesmo método que não é outro, na realidade, senão o método cartesiano.

Não basta, bem entendido, conhecer a definição do *método* para ser capaz de empregá-lo de modo útil.

É preciso, ademais, ter aptidões naturais que só a experiência desenvolve e aperfeiçoa.

A *competência* significa aqui conhecimento bem aprofundado da maneira de dirigir a pesquisa dos aperfeiçoamentos. Ora, o chefe, por mais competente que seja, não pode estar a par de todas as questões, as mais variadas, inerentes à direção de uma grande empresa.

Absorvidos com o trabalho de rotina e pelos grandes problemas, que é preciso resolver no devido tempo, os chefes não têm, geralmente, o *tempo* necessário para poder consagrar-se às pesquisas de aperfeiçoamento.

Pode-se admitir que eles tenham *vontade* de manter a empresa em um nível constante de progresso e que a empresa ponha à sua disposição *todos os recursos financeiros necessários.*

Tal é o conjunto de fatores cuja ação deve ser combinada para chegar à consecução de um aperfeiçoamento em qualquer dos múltiplos órgãos materiais ou sociais de uma grande empresa.

Essa ação deve prosseguir ininterruptamente em todos os níveis e em todas as partes da empresa.

É preciso, portanto, que o chefe (chefe de empresa, chefe de serviço, chefe de oficina) tenha a *vontade* férrea e persistente do aperfeiçoamento; é preciso, também, que ele disponha do crédito necessário para a pesquisa de aperfeiçoamentos úteis.

Não podendo, entretanto, ter *todo o tempo, nem todas as condições* necessárias para as pesquisas, é preciso que recorra a um *estado-maior.*

Numa grande empresa mineira e metalúrgica, por exemplo, o estado-maior se manifesta em torno da direção-geral por consultores técnicos (metalurgistas, mineiros, construtores, arquitetos, eletricistas, geólogos, químicos, juristas, contadores etc.), uns inteiramente ligados à empresa, outros apenas lhe devotando uma parte de seu tempo; tendo, em torno das direções locais, secretários técnicos, agentes especiais, escritórios de estudos, laboratórios etc.

É pela colaboração íntima e contínua do serviço executivo e do estado-maior que se realiza a maior parte dos inúmeros aperfeiçoamentos cuja descrição consta das publicações técnicas.

4º Direções regionais e locais

O grupo de estabelecimentos que formam uma *direção-geral* constitui a grande unidade industrial. A *unidade industrial*, segundo o critério corrente, é a exploração agrícola, a mina, a fábrica, a oficina, cada uma com seu diretor. Há unidades pequenas, médias, grandes e muito grandes.

Na unidade pequena e na média, o diretor geralmente está em relação com todos os seus chefes de serviço; na grande fábrica, amiúde um engenheiro-chefe serve de intermediário entre o diretor e os chefes de serviço técnico.

Os poderes do diretor local dependem, ao mesmo tempo, da natureza das coisas e da divisão de atribuições feita entre a direção-geral e a direção local. Às vezes esses poderes têm tal extensão que tocam as raias da autonomia, outras vezes são bastante restritos.

As qualidades e os conhecimentos necessários decorrem naturalmente desses poderes; nós sabemos, pelos quadros nºs 1 e 5, que o diretor de um grande estabelecimento industrial deve ser antes de tudo administrador, além de possuir alto grau de capacidade técnica e estar apto a assegurar a marcha das outras quatro funções essenciais.

Encontramos, na maioria das direções locais, um *estado-maior* em que podem figurar secretários administrativos, secretários técnicos, consultores, escritórios de estudos, laboratórios.

SISTEMA TAYLOR

Procurei formar uma idéia pouco precisa do sistema de organização chamado *Sistema Taylor*, do qual se vem falando muito há alguns anos. Isto não é fácil: para alguns é a direção do trabalho dos operários baseada no estudo atento e minucioso do tempo e dos movimentos; para outros, é o processo de corte rápido do aço, são os métodos de contabilidade e o de remuneração etc. Provavelmente é um pouco de tudo isso; mas parece-me que é sobretudo o que Taylor chamou "a organização *científica* ou *administrativa*" e que descreveu longamente, como segue, em um dos seus últimos trabalhos:

"Uma das indústrias mais difíceis de organizar é a de um grande estabelecimento de construção mecânica, produzindo máquinas variadas; foi por isso que o autor a escolheu para fazer a descrição.

Na prática, todas as oficinas desse gênero são organizadas sobre o que podemos chamar de princípio da hierarquia militar. As ordens do general são transmitidas aos homens pelos coronéis, majores, capitães, tenentes e suboficiais. Da mesma maneira, nos estabelecimentos industriais, as ordens vão do diretor-geral aos chefes de serviço (superintendentes), aos chefes de oficina, aos chefes adjuntos e, pelos chefes de equipe, chegam aos operários. Num estabelecimento desse gênero, os deveres dos chefes de oficina, dos chefes de equipe etc. são tão variados e exigem tal soma de conhecimentos especializados, unidos a uma diversidade de aptidões, que não podem ser cumpridos de modo satisfatório a não ser por homens de valor pouco comum, possuindo anos e anos de adestramento especial. É em razão da dificuldade (e quase impossibilidade) que se encontra no recrutamento de homens capazes, como chefes de oficina, contramestre etc., mais do que por outra razão qualquer, que se constata tão raramente o sucesso, durante os primeiros anos, em novas oficinas de mecânica geral montadas em grande escala.[1]

....

Segundo a experiência do autor, quase todas as oficinas são providas de um pessoal de direção incompetente para a realização de trabalho econômico.

Com o tipo de organização militar, o chefe de oficina é responsável pela boa marcha de sua oficina.

....

Ele deve ser bom mecânico(p. 57)........................

Deve gozar de facilidade para ler os desenhos e ter imaginação suficiente para, à vista deles, ter claramente sob os olhos a peça terminada...

Deve preparar o trabalho e assegurar-se de que os operários têm em mãos o equipamento e as ferramentas convenientes e deles fazem uso para montar corretamente a peça sobre a máquina e cortar o metal com a rapidez desejada.

Deve velar para que cada trabalhador tenha sua máquina limpa e em bom estado.

Deve fiscalizar a produção de cada operário, de modo a poder verificar se a qualidade do trabalho corresponde à pedida, providenciando para que o resultado seja atingindo.

Deve certificar-se de que os operários colocados sob suas ordens trabalhavam de modo contínuo e rápido.

---

1. *A direção das oficinas*. Paris, Dunod et Pinat, 1983. p. 54. Extraído da *Revista de Metalurgia*.

Deve prever constantemente todo o conjunto do trabalho e zelar para que as peças cheguem às máquinas na ordem desejada e cada máquina receba os trabalhos que lhe são adequados.

Deve, pelo menos de modo geral, vigiar o emprego do tempo e fixar o preço do trabalho por peça.

Deve exercer as funções de polícia entre os operários sob suas ordens e reajustar seus salários.

É, portanto, evidente que os deveres impostos ao chefe comum da equipe exigem que ele esteja apto a cumprir a maior parte das nove obrigações já mencionadas. Ora, quando se pode encontrar um homem nessas condições, deve-se fazer dele um diretor ou um superintendente das oficinas e não um chefe de equipe. Entretanto, considerando o fato de ser possível encontrar um bom número de homens capazes de satisfazer a quatro ou cinco obrigações de um vez, é claro que o trabalho de direção deve ser subdividido de tal maneira que as diversas funções sejam desempenhadas por homens dessa capacidade; uma grande parte da arte da direção consiste indiscutivelmente em organizar o trabalho dessa maneira. Segundo o autor, chegar-se-á a melhor resultado *abandonando o tipo militar de organização* e introduzindo, na direção, duas modificações radicais:

a) Tanto quanto possível (p. 59), os operários, bem como os chefes de equipe de oficina, devem ser avaliados do trabalho de organização assim como de todo trabalho de escrituração..........

b) Em toda direção, o tipo de organização militar pode ser abandonado e substituído pelo que se pode chamar de tipo administrativo.

A direção administrativa consiste em dividir o trabalho de direção de tal maneira que, desde o diretor adjunto, descendo todas as escalas da hierarquia, cada indivíduo tenha o mínimo possível de atribuições. No sistema *usual* ou tipo *militar*, os operários são distribuídos em grupos, os de um mesmo grupo recebendo suas ordens de um só homem, chefe de oficina ou chefe de equipe. Esse homem é o único agente mediante o qual os diversos serviços de direção estão em relação com os operários. A característica exterior mais digna de nota da direção administrativa reside, ao contrário, no fato de que cada operário, em lugar de estar em contato direto com a direção em um único ponto, isto é, por intermédio de seu chefe de equipe, recebe diretamente ordens diárias e orientação de oito diferentes, cada um desempenhando uma função particular (p. 59)..........

Na direção administrativa (p. 62), vemos subdivididos entre oito pessoas o trabalho feito por um só chefe de equipe no tipo militar de organização.

Os encarregados das ordens de trabalho, os redatores de fichas de intruções, os apontadores do tempo e das despesas de mão-de-obra dirigem e ditam instruções, do escritório de distribuição do trabalho.

Os chefes de turma, chefes de sistema, vigilantes e chefes de conservação mostram aos operários como as instruções devem ser executadas e zelam para que o trabalho seja feito com a rapidez estabelecida.

Finalmente o chefe de disciplina exerce suas funções em todo o estabelecimento.

. . . .

A direção administrativa (p. 64) já é empregada, de certo modo, em muitas das oficinas mais bem organizadas. Certo número de diretores já se capacitou das vantagens práticas que adviriam do contato direto com os operários, de dois ou três homens especialmente instruídos em suas atribuições particulares em lugar de, como pelo método antigo, passar por intermédio do chefe de equipe. . . . .

Tal é o sistema de organização preconizado por Taylor para a direção das oficinas de uma grande empresa de construção mecânica.

Ele se baseia nas duas idéias seguintes:

1. a necessidade de fortalecer os chefes de oficina e os contramestres por um estado-maior;
2. a negação do princípio da unidade de comando.

Assim como a primeira me parece boa, parece-me falsa e perigosa a segunda.

I – **Necessidade de fortalecer os chefes de oficina e os contramestres por um estado-maior** – Melhor que ninguém, Taylor evidenciou a complexidade e o peso da carga que recai sobre os chefes de uma oficina de construção mecânica. Esses chefes não podem convenientemente levar avante sua missão se não recebem ajuda.

Para atingir o objetivo, Taylor imaginou e pôs em prática o processo descrito: o chefe cerca-se de diversos especialistas que o dispensam de profunda competência em cada ramo e o aliviam de mil e uma intervenções, que absorveriam grande parte de seu tempo. É o papel do estado-maior.

Essa engrenagem não é necessária somente nas oficinas de construção mecânica; sua necessidade se faz sentir, também, nas oficinas de reparação dos grandes estabelecimentos mineiros, metalúrgicos ou outros; verifica-se essa necessidade em toda sorte de oficinas. Já se cogitou atender a essa necessidade por diversos modos, porém raramente de maneira suficiente.

Penso que Taylor prestou grande serviço ao destacar a importância dessa engrenagem e a maneira de estabelecê-la.

II – **Negação do princípio da unidade de comando** – Segundo Taylor, é preciso abandonar o tipo comum de organização, que ele designa, não sem algum desdém, sob o nome de ordens de um só homem, chefe de oficina ou chefe de equipe.

"Contudo, *acrescenta ele (p. 64),* está fortemente arraigada a convicção de que a verdadeira base da organização repousa sobre o tipo militar, cujo princípio é que nenhum operário pode trabalhar sob as ordens de dois chefes diferentes. Até aqui, salvo nas usinas que ajudou a organizar, o autor jamais encontrou um só diretor que declarasse abertamente e com pleno conhecimento de causa que empregava o sistema de *direção administrativa* porque este era o princípio correto."

Segundo o próprio Taylor, muitos adeptos do princípio da unidade de comando não quiseram renunciar a esse sistema, apesar de suas instâncias.

No que a mim se refere, não creio que uma oficina possa funcionar bem no estado de violação flagrante desse princípio.

E, no entanto, Taylor dirigiu com sucesso grandes empresas.

Como explicar essa contradição?

Suponha que, na prática, Taylor sabia conciliar o funcionamento do estado-maior com o princípio da unidade de comando. Mas isso não passa de uma suposição, cuja exatidão não estou em condições de verificar.

Todos os dias, nos negócios, e de alto a baixo nas hierarquias, temos de conciliar o funcionamento do estado-maior com o princípio da unidade de comando. É necessária certa habilidade para isso. Taylor devia possuí-la sobejamente.

Creio que é perigoso deixar expandir a idéia de que o princípio da unidade de comando não tem importância e pode ser violado impunemente. Conservemos preciosamente, até nova ordem, o velho tipo de organização em que predomina o princípio da unidade de comando. De resto, ele se concilia muito bem com o fortalecimento dos chefes de oficina e contramestres recomendado por Taylor.

Minhas reservas sobre a organização *científica* ou *administrativa* de Taylor não me impedem de admirar o criador do sistema de corte rápido do aço, dos métodos minuciosos e precisos de análise das condições em que se executa o trabalho do operário, não me impedindo também de admirar o industrial enérgico e engenhoso que após suas descobertas não recuou ante qualquer esforço ou abatimento para introduzi-las no domínio da prática e o publicista infatigável que tudo fez para que o público tirasse proveito de seus ensaios e de suas experiências. É de desejar-se que o exemplo do grande engenheiro americano seja seguido, a esse respeito, por muitos de nossos compatriotas.

5º a 9º Engenheiros-chefes, chefes de serviço, chefes de divisão, chefes de oficina, contramestres, operários.

Os quadros nºs 7 e 8 mostram, em duas indústrias diferentes (mina de carvão e usina metalúrgica), a mesma série de órgãos subordinados à direção.

Essa mesma série de órgãos é encontrada, sob nomes diferentes, em todas as grandes empresas, qualquer que seja sua natureza.

Já sabemos que a função *administrativa*, predominante em princípio, vai cedendo, pouco a pouco, lugar à função especializada – técnica, comercial ou outra –, principal ocupação dos agentes inferiores.

Tais são os principais órgãos de uma grande empresa mineira e metalúrgica. Encontramo-los mais ou menos assim em todas as grandes empresas industriais e também, com algumas ligeiras modificações, nas organizações de qualquer natureza: comerciais, financeiras, militares, políticas, religiosas etc.

C – AGENTES OU ELEMENTOS CONSTITUTIVOS DO CORPO SOCIAL

Continuo tomando como exemplo a grande empresa industrial.

Para essa classe de empresa, é necessária a seguinte série de agentes: operários, contramestres, chefes de oficina, chefes de divisão, chefes de serviço, engenheiros principais, diretores-gerais.

Assim como a qualidade dos materiais de que se dispõe influi sobre a forma e a solidez de um edifício, também a qualidade dos agentes empregados influi sobre a forma e o valor do edifício social. A forma e as proporções dos órgãos e do corpo social dependem do valor dos agentes disponíveis; deve-se, naturalmente, procurar para cada emprego o melhor agente possível.

Tratemos primeiro de determinar as qualidades necessárias aos chefes.

Direção e execução se confundem na empresa rudimentar, onde todas as operações são efetuadas pela mesma pessoa.

Na pequena empresa, o chefe encarrega-se da direção, da qual assume toda a responsabilidade, mas fica isento da execução de grande número de operações.

À medida que a empresa se desenvolve, a parte do chefe na execução das operações diminui, tornando-se mais importantes e mais difíceis suas funções diretivas. Esse papel de direção não tarda em ir além das capacidades de uma só pessoa, malgrado a excelência de uma organização de serviços subordinados. Vêem-se, então, aparecer ao lado do diretor agentes cuja missão especial é aliviar a tarefa pessoal do chefe: secretários administrativos, secretários técnicos, assistentes em diversas matérias, agentes de ligação e de controle, comitês consultivos etc.

Para determinar as qualidades necessárias aos chefes de empresa, é indispensável estudar bem o papel que o estado-maior pode ser chamado a desempenhar na direção dos negócios.

O chefe ideal seria aquele que, possuindo todos os conhecimentos necessários à resolução dos problemas administrativos, técnicos, comerciais, financeiros e outros que lhe são submetidos, fosse dotado ainda de vigor físico e intelectual e de capacidade de trabalho suficiente para executar todos os encargos de relações, de comando e de controle que pesam sobre a direção. Um chefe nessas condições pode excepcionalmente ser encontrado nos pequenos negócios; não existe nas grandes empresas e, com maior razão, nas muito grandes. Não há um homem cujo saber abranja todas as questões inerentes ao funcionamento de uma grande empresa; tampouco um que disponha das forças e do tempo exigidos pelas múltiplas obrigações de uma grande direção.

Forçoso se torna, pois, recorrer ao estado-maior. Nele existe uma reserva de forças físicas, de forças intelectuais, de competência, de tempo, a què o chefe pode recorrer à vontade.

Os trabalhos do estado-maior podem ser divididos em quatro grupos:

1º) auxílios diversos prestados ao chefe em sua tarefa comum: correspondência, recepções, estudo e preparação de papéis;

2º) ligação e controle;

3º) estudos do futuro, programas a elaborar ou a harmonizar;

4º) pesquisas de melhorias.

Tudo isso é pertinente às atribuições da direção. O interesse da empresa exige seu integral cumprimento. O chefe deve realizá-lo, seja com suas próprias forças, seja com a ajuda do estado-maior.

Os dois primeiros grupos de trabalho do estado-maior são executados geralmente de modo satisfatório, mas as pesquisas de previsão e de aperfeiçoamento, dois fatores importantes do sucesso, são amiúde negligenciadas deploravelmente. Não está, ainda, bem entranhado o hábito de considerar o estado-maior como um órgão de pensamento, de estudo, de observação, cuja principal função consiste em preparar o futuro e procurar os aperfeiçoamentos possíveis, sob o impulso do chefe. Para que o estado-maior possa bem desempenhar essa parte de seu papel, é preciso livrá-lo de toda responsabilidade na marcha dos serviços.

Nenhuma outra parte do organismo social reclama da parte do chefe da empresa mais atenção, mais bom senso, mais experiência, mais autoridade e mais comedimento. É um serviço que ele deve instituir no interesse exclusivo da empresa e que tem o caráter de um serviço pessoal, pois é destinado a suprir as próprias lacunas do chefe. Presta-se facilmente aos abusos e desperta vivamente a atenção crítica. Donde, talvez, o motivo por que dele não se exigem todos os serviços que poderia prestar.

CHEFES DE GRANDES EMPRESAS

Na pesquisa das qualidades necessárias aos chefes de empresa, devemos considerar, ao mesmo tempo, os poderes e as responsabilidades atribuídas aos chefes de serviço e o concurso que o chefe pode encontrar em seu estado--maior.

Vimos, noutro capítulo, que os caracteres principais de uma boa direção são quase exclusivamente de ordem *administrativa*. Admite-se, com efeito, que, quando a previsão, a organização, o comando, a coordenação e o controle são exercidos eficazmente em todos os setores da empresa, todas as funções têm desempenho conveniente e a marcha da empresa é satisfatória.

Podemos, destarte, concluir que a *primeira condição inerente ao chefe de uma grande empresa é a de ser bom administrador*.

Mas sua capacidade administrativa não o exime da necessidade de tomar decisões sobre importantes questões técnicas, comerciais, financeiras e outras. Ele não pode ser competente em tudo e deve, portanto, basear um grande número de decisões no conselho dos chefes de serviço e de seu estado-maior. Mas sua incompetência é inadmissível na função especial característica da empresa: técnica na indústria, comercial no comércio, política no Estado, militar no exército, religiosa na igreja, médica no hospital, pedagógica na escola etc. É sem dúvida conveniente que ele se possa pronunciar com conhecimento de causa sobre as questões mais importantes e mais freqüentes da empresa.

Deduz-se, pois, que a *segunda condição* necessária ao chefe de uma grande empresa é a de *possuir profunda competência na função característica da empresa*.

Não se exige do chefe da empresa o mesmo grau de competência nas outras funções essenciais, porque há um limite no poder das faculdades humanas. Limitemo-nos a desejar que possua, no que concerne às funções secundárias da empresa, noções gerais suficientes para poder, apoiando-se no conselho dos chefes de serviço e do estado-maior, tomar decisões esclarecidas sobre todas as coisas.

Em resumo, as qualidades e os conhecimentos desejáveis em todos os grandes chefes de empresas são os seguintes:

1º) Saúde e vigor físico.

2º) Inteligência e vigor intelectual.

3º) Qualidades morais: vontade refletida, firme, perseverante; atividade, energia e, se necessário, audácia; coragem de assumir responsabilidades; sentimento do dever, preocupação do interesse geral.

4º) Sólida cultura geral.

5º) Capacidade administrativa:
   a) *Previsão* – Habilidade em traçar e dirigir o programa de ação.
   b) *Organização* – Em particular, saber estruturar o corpo social.
   c) *Comando* – Arte de dirigir os homens.
   d) *Coordenação* – Harmonizar os atos, fazer convergir os esforços.
   e) *Controle*.

6º) Noções gerais sobre todas as funções essenciais.

7º) A maior competência possível na especialidade profissional característica da empresa.

Deve-se notar que, dentre esses sete grupos de qualidades e conhecimentos desejáveis aos chefes das grandes empresas, seis se compõem de elementos semelhantes, seja qual for a natureza da empresa, e um só, o sétimo, comporta condições especiais diferentes para cada classe da empresa.

São comuns os seguintes elementos: a saúde, o vigor físico, a inteligência, as qualidades morais, a cultura geral, as noções sobre as funções essenciais e grande capacidade administrativa.

O chefe industrial, o chefe comercial, o chefe político, o chefe militar e o chefe religioso, de igual nível hierárquico, assemelham-se pelos seis primeiros grupos de qualidades e não diferem senão pela qualidade profissional característica da empresa.

Foi, quase sempre, por essa capacidade profissional que os homens que chegaram a ser grandes chefes começaram a atrair a atenção: uma mestria especial os diferenciou dos outros; depois suas qualidades gerais elevaram-nos ao primeiro posto. Acontece, porém, que os sucessos profissionais encobrem as qualidades gerais; persiste-se em não ver no grande industrial senão o eminente técnico ou o hábil negociante, no chefe de governo o general afortunado ou o parlamentar eloqüente. Entretanto, a mais brilhante capacidade profissional não basta para fazer um bom chefe de grande empresa. Um chefe perfeito deve possuir em alto grau todas as qualidades e conhecimentos enumerados linhas atrás. Os homens que se aproximam dessa perfeição são bem raros, e por isso é preciso perdoar fraquezas e até lacunas. Em que proporção?

A falta de saúde pode aniquilar todas as outras qualidades reunidas. Do mesmo modo, um grande enfraquecimento do intelecto. Por intermédio dos chefes de serviço e do estado-maior, é possível suprir em larga escala uma falta de conhecimentos funcionais, mesmo concernentes à função profissional característica; nada pode, porém, compensar a incapacidade administrativa. A mínima imperfeição moral do chefe supremo pode ter as mais graves conseqüências.

A posição hierárquica é como uma alavanca cujo comprimento aumenta consideravelmente a potência; qualidades e defeitos têm muito mais importância em um chefe de sete ou oito galões do que num contramestre.

CHEFES DE EMPRESAS MÉDIAS E PEQUENAS

Entre as qualidades e os conhecimentos necessários ao chefe de uma grande empresa, mesmo a um chefe de Estado, e o que se exige de um artesão, chefe e único agente de sua indústria ou de seu comércio, não há senão diferenças de grau. São elementos da mesma natureza, associados a diferentes graus, que constituem o valor dos chefes, grandes e pequenos.

Para o chefe de empresa muito grande, a capacidade administrativa é não somente a mais importante de todas como ultrapassa em importância as outras capacidades reunidas. No entanto, a ausência completa de uma das capacidades secundárias seria para esse chefe uma grave lacuna. É verdade que, para remediar a falta, ele pode recorrer ao estado-maior.

Para o chefe de empresa rudimentar, a capacidade de maior relevo é a capacidade técnica, isto é, a função característica da empresa. Mas a capacidade comercial e a financeira têm, para esse chefe, importância relativamente maior que para o chefe de empresa muito grande.

O quadro nº 4 mostra as transformações gradativas que se operam na importância relativa das diversas capacidades essenciais do chefe, à medida que a empresa aumenta ou diminui de importância.

É preciso não esquecer que este quadro consigna apenas valores *relativos* e que não há quase nada de comum entre determinada capacidade do chefe rudimentar e idêntica capacidade do grande chefe.

Chefes de serviço – Sob a série dos chefes de empresa

    CE1, CE2, CE3, CE4................................ CEn

encontra-se a série dos chefes de serviço:

    CS1, CS2, CS3 .... CSn

Os chefes de empresa têm a responsabilidade do conjunto e devem assegurar a execução de todas as funções; a responsabilidade dos chefes de serviço estende-se somente a uma parte da empresa.

Os quadros nºs 3 e 4 mostram que o valor dos chefes de serviço se compõe dos mesmos elementos que o dos chefes de empresa. Entretanto, entre um chefe de empresa CEn e um chefe de igual nível, CSn, existe sempre esta diferença: a responsabilidade do primeiro é total e a do segundo, parcial.

Agentes inferiores – Operários – Mesmo para os agentes inferiores das empresas, o valor se compõe dos mesmos elementos que o dos grandes chefes; mas a importância absoluta e a proporção desses elementos no valor de uns e outros são tão diferentes que é difícil distinguir, de início, sua identidade.

Examinaremos, ligeiramente, os diversos elementos constitutivos do valor dos chefes e dos agentes das empresas e as proporções em que esses elementos entram no valor de uns e outros.

ELEMENTOS DO VALOR DOS CHEFES E DOS AGENTES

1º) **Saúde e vigor físico.** A saúde é necessária a todos os agentes da indústria, desde o operário até o mais alto chefe.

Certo vigor físico, que depende da função, é igualmente necessário a todos.

2º) **Inteligência e vigor intelectual.** A inteligência integra-se com as aptidões de compreender e assimilar, de julgamento e de memória.

O vigor intelectual permite tanto concentrar fortemente o pensamento sobre um tema urgente como tratar sem transição de problemas múltiplos e diferentes.

Inteligência e vigor intelectual são tanto mais necessários quanto mais numerosas, mais extensas e mais complexas são as operações que a função comporta. O grande chefe tem necessidade de largueza de vistas e de agilidade de espírito incomuns, predicados esses exigíveis em muito menor grau nas funções do contramestre e menos ainda nas do operário.

Um enfraquecimento da memória afeta sumamente o valor intelectual.

3º) **Qualidades morais.** Amiúde chama-se *caráter* o conjunto de certas qualidades morais como a energia, a firmeza, a honestidade, a iniciativa; evito o emprego dessa palavra por causa de sua imprecisão.

Exigem-se de todos os agentes da indústria, seja qual for sua categoria, disciplina, retidão, devotamento. A iniciativa é, também, qualidade preciosa para todos, tanto mais útil quanto mais elevada é a posição. Quanto à firmeza, ao senso de medida, à coragem de assumir responsabilidades, sua importância aumenta com a situação, podendo-se mesmo colocá-los no alto da lista das qualidades úteis aos grandes chefes.

4º) **Cultura geral.** Essa cultura compõe-se de noções que não são do domínio propriamente dito da função exercida. É adquirida parte na escola e parte no decorrer da vida. Vêem-se homens que, com o simples cursar de escola primária, galgaram altas posições industriais ou comerciais, políticas ou militares, e cujo saber sempre esteve à altura da situação. Notemos de passagem que todos os homens que sobem têm necessidade de desenvolver sua cultura geral, pois a Universidade, nesse ponto, pouco acrescenta àquela adquirida no ensino secundário.[1]

A cada função corresponde certo grau de cultura geral, que aumenta com o nível hierárquico e a importância da função.

5º) Conhecimentos administrativos. Esses conhecimentos referem-se à previsão, à organização, ao comando, à coordenação e ao controle.

Rudimentares para o operário, devem ser, entretanto, extremamente extensos para os funcionários de elevada hierarquia, especialmente para os chefes das grandes empresas.

Esses conhecimentos não os dá a escola; é necessário aprendê-los na oficina, onde o empirismo reina soberanamente. Não deve, pois, surpreender o fato de a educação administrativa ser geralmente insuficiente. Parece-me que já é tempo de sistematizar os resultados das experiências e apresentar uma doutrina ao alcance de todos.

6º) Noções sobre as outras funções. Subindo-se do operário ao contramestre, ao chefe de oficina e aos agentes superiores, até o diretor de uma empresa industrial, verifica-se que o número das especialidades ou funções que cada um deve ocupar aumenta gradativamente: o operário não tem, em regra, mais que uma especialidade; o contramestre exerce sua vigilância sobre quatro ou cinco; o chefe de oficina sobre oito ou dez; o engenheiro sobre maior número. Quanto ao diretor, ele deve ter noções, não somente de todas as especialidades técnicas exercidas na empresa, mas ainda sobre as funções comerciais, financeiras e outras de que é obrigado a ocupar-se.

Daí se conclui que o contramestre é geralmente menos competente que cada um de seus operários em sua especialidade, que o chefe de oficina é menos competente que o contramestre nos trabalhos especiais de cada equipe e que o engenheiro é menos competente que o chefe de oficina em seu domínio. Quanto ao diretor, ele não poderia ter a pretensão de ser mais capaz do que cada um de seus chefes de serviço na especialidade respectiva, mas deve ter noções de todos os serviços. O grande conhecimento aumenta à medida que o indivíduo sobe na escala hierárquica.

7º) Competência profissional na especialidade característica da empresa. Essa capacidade, que constitui a quase-totalidade do valor do operário, não é exigível em proporção maior do que um quarto e até mesmo um décimo do valor dos grandes chefes. Nestes últimos, ela vem notavelmente depois da capacidade administrativa.

É preciso não perder de vista que o termo *capacidade* não designa o mesmo conjunto de qualidades e de conhecimentos nos diversos graus da escala hierárquica.

---

1. O autor refere-se ao tipo de ensino ministrado no curso secundário, que é essencialmente *panorâmico*, isto é, de cultura geral. O ensino universitário é especializado. (N. do T.)

QUADROS DE ORGANIZAÇÃO

Quadros sinópticos da forma dos quadros nºs 7 e 8 facilitam muito a constituição e a inspeção do corpo social, permitindo, num relance, visão completa do conjunto orgânico, dos serviços e seus limites, da escala hierárquica, como não o poderia fazer uma longa descrição; chamam a atenção sobre os pontos fracos, tais como entrelaçamentos ou congestionamentos de serviço, dualidades de comando, funções vagas, ausências de um chefe único etc.

Esse modo de representação convém a toda sorte de empresas, tanto aos grandes estabelecimentos como aos pequenos, aos negócios em desenvolvimento ou em declínio e aos que se encontram na fase inicial. Neste último caso, o gráfico de organização é um quadro cheio de compartimentos onde são inscritos os agentes, ao mesmo tempo que o recrutamento e a constituição dos serviços.

O emprego do quadro sinóptico não se limita à criação do organismo. Apenas terminada a obra, impõem-se modificações resultantes de mudanças no estado dos negócios e das pessoas. Ora, toda modificação em uma parte do corpo social pode ter ampla repercussão e influir na marcha geral. O quadro facilita muito a descoberta dessas repercussões e como evitá-las: mas é preciso mantê-lo constantemente em dia. Nesta hipótese, é ele um precioso instrumento de direção.

Vêem-se no quadro de organização o conjunto do pessoal, a constituição e os limites sociais de cada serviço, por quem cada posto é ocupado, os chefes aos quais um agente obedece e os subordinados que ele comanda, porém não nos é possível pedir-lhe nem o valor pessoal dos agentes, nem suas atribuições, nem os limites topográficos de sua responsabilidade, nem a designação dos substitutos. Para esses diversos informes, normas especiais devem acompanhar o quadro de organização. Nas mesmas condições, encontra-se a composição do estado-maior.

Encontraremos na terceira parte destes estudos alguns exemplos de quadros de organização social escolhidos na prática dos negócios.

RECRUTAMENTO

O recrutamento consiste na obtenção dos agentes necessários à constituição do corpo social.

Essa operação é das mais importantes e mais difíceis das empresas e tem influência acentuada sobre seu destino.

As conseqüências da má escolha estão em relação com a categoria do agente escolhido: são geralmente pouco importantes, quando se trata de um operário e sempre graves no caso de um agente superior.

A dificuldade de escolha aumenta com o nível hierárquico do agente: alguns dias, às vezes algumas horas, bastam para apreciar o valor de um operário; exigem-se semanas ou meses para conhecer o valor de um contramestre; decorrem anos, às vezes, antes que o valor do chefe de uma grande empresa se defina exatamente. Interessa, pois, sumamente, não cometer enganos na escolha dos altos chefes.

A questão do recrutamento preocupa todas as empresas e particularmente as maiores. O ato mais importante de uma assembléia de acionistas consiste na eleição do Conselho Administrativo; a principal preocupação desse conselho é a de ter uma boa direção-geral; o recrutamento dos agentes de todos os graus hierárquicos é uma das maiores preocupações do poder executivo.

O Comitê das Ferrarias da França provocou, há alguns anos, uma discussão em que se demonstrou até que ponto o mundo industrial e o público em geral se preocupam com o recrutamento dos agentes superiores da indústria.

"O número de homens – dizia o presidente do Comitê, em carta aberta dirigida ao Ministro dos Trabalhos Públicos –, cuja clareza e descortino de inteligência, cuja retidão e penetração de julgamento os indicariam para dirigir grandes negócios, criar coisas novas e manter a França no nível que, apesar da pobreza de seus recursos naturais, seu gênio soube conduzir à vanguarda do progresso das ciências e das artes industriais, diminui singularmente há alguns anos.

Nossos jovens engenheiros são, na maioria, incapazes de utilizar com proveito os conhecimentos técnicos que receberam, dada a dificuldade que encontram em apresentar suas idéias, em relatórios claros, bem-concatenados e redigidos de maneira a fazer transparecer claramente os resultados de suas pesquisas ou as conclusões a que os conduziram suas observações . . ."

E o presidente do Comitê das Ferrarias atribuía essa deplorável situação, pelo menos em grande parte, à nova orientação dada ao ensino secundário destinado ao ingresso na Universidade, a partir de 1902.

É certo que os homens capazes de bem dirigir os grandes negócios são raros e muitos engenheiros não sabem fazer relatórios claros; e o fato é bastante grave, induzindo a que se procurem com perseverança as causas e os remédios.

Para mim, essas causas não estão nos programas do ensino secundário, mas na *concentração industrial* e na maneira pela qual é compreendido e praticado o ensino *técnico superior*.

A direção dos grandes negócios sempre apresentou grandes dificuldades; para se ter idéia disso, basta olhar de relance os encargos tão numerosos quão variados que pesam sobre um grande chefe de empresa. Essas dificuldades são inerentes à natureza das coisas e sempre existiram. Mas o que nem sempre existiu é o desenvolvimento da indústria de época recente, é a *concentração industrial*, que se conjuga para aumentar consideravelmente a proporção dos grandes negócios, fazendo, assim, ressaltar a escassez de grandes chefes.

Se substituirmos por uma só grande empresa certo número de outras, pequenas e médias, a concentração industrial, assim realizada, produzirá diversos efeitos, conducentes aos seguintes resultados:

1º) Dando nascimento a grandes organismos, requererá o concurso de homens de maior envergadura que os anteriormente necessários.

2º) Enquanto criar a necessidade de homens superiores, fará desaparecer grande número de negócios que se poderiam considerar como escolas de aprendizagem para diretores.

3º) Nos negócios médios, por força das circunstâncias, os chefes de diversos serviços iniciam-se, até certo ponto, nos trabalhos interligados. Nos grandes negócios, cada serviço será tão importante que só ele bastará para absorver a inteligência e o tempo do chefe e para permitir-lhe chegar a um grau elevado, onde terminará freqüentemente sua carreira. Será mais um grupo de homens distintos desviados da sementeira dos prováveis diretores-gerais.

É evidente pois, que a concentração industrial aumenta a necessidade de grandes chefes e torna sua formação mais difícil.

A meu ver, o ensino técnico superior poderia ser dirigido de maneira mais útil às necessidades da indústria, o que não se dá atualmente.

FORMAÇÃO DOS AGENTES DE EMPRESAS

A dose de qualidades e conhecimentos necessários aos agentes das empresas é uma questão de medida tanto mais delicada quanto mais elevado e complexo é o posto. Cada caso requer exame especial.

Entretanto, seja qual for a dificuldade da *escolha* dos agentes, ela não é talvez tão grande quanto a de sua *formação*. O bom agente – técnico, comercial, financeiro, administrativo etc. – não é um produto espontâneo da natureza; para que ele exista é preciso formá-lo, e essa formação representa geralmente longos e laboriosos esforços de que participam a família, a escola, a oficina e o Estado.

O problema da formação dos agentes preocupa vivamente todas as categorias de organizações – industriais, comerciais, militares, políticas, religiosas, sociais. Os esforços empregados por todas para obter bons agentes e bons chefes são consideráveis e se assemelham.

O que vou dizer da formação dos agentes da indústria mineira e metalúrgica na França aplica-se, em grande parte, à formação dos agentes de toda espécie de empresas industriais.

FORMAÇÃO DOS AGENTES DA INDÚSTRIA MINEIRA E METALÚRGICA

a) Função da Escola.
b) Função da Oficina (do patrão).
c) Função da Família.
d) Função do Estado.

a) FUNÇÃO DA ESCOLA:
    1º) Ensino técnico superior.
    2º) Ensino secundário.
    3º) Ensino primário.

    1º) **Ensino técnico superior:**
        a) Abuso da matemática.
        b) Duração dos estudos.
        c) Conselhos aos futuros engenheiros.

    2º) **Ensino secundário:**
        a) Dirigido para o ensino universitário.
        b) Dirigido para o ensino especializado.

    3º) **Ensino primário.**

b) FUNÇÃO DA OFICINA (do patrão).
c) FUNÇÃO DA FAMÍLIA.
d) FUNÇÃO DO ESTADO.

A – FUNÇÃO DA ESCOLA

1º ENSINO TÉCNICO SUPERIOR

Na França, os agentes superiores e os chefes da indústria mineira e metalúrgica têm as mais diversas origens; entretanto, eles, na maioria, passam pelas escolas superiores de engenharia civil (Escola Nacional Superior de Minas de Paris, Escola Nacional de Minas de Saint-Etienne, Escola Central de Artes e Manufaturas etc.).

Os programas de admissão e de ensino dessas escolas permitem-nos fazer uma idéia do pensamento que aí predomina.

Notamos, primeiro, que os cursos são nessas escolas quase exclusivamente *técnicos*, não se cogitando dos problemas de *administração*, de *comércio*, de *finanças*, tratando-se algo de seguros (no sentido de seguros da empresa) e muito pouco de *contabilidade*. Nota-se que a *cultura geral* tem pouca influência na classificação final e que as qualidades físicas e morais aí não figuram.

Observemos, enfim, que o concurso de admissão reserva à matemática um lugar preponderante.

Há tal separação entre esse método educativo e as qualidades e conhecimentos de que devem ser dotados os engenheiros e chefes de indústrias, que não deve causar surpresa o fato de não ser atingido o resultado visado.

Por exemplo, nossas escolas de engenharia civil parecem ignorar que a *saúde* e o *vigor físico* figuram entre as qualidades importantes necessárias aos engenheiros e aos diretores dos estabelecimentos industriais.

Os ingleses dão mais importância ao problema, chegando, talvez, ao exagero. Ainda que o gosto pelos esportes apareça em nosso país, não creio que estejamos expostos durante muito tempo a cair no excesso, e a opinião pública tem, ainda, muito a fazer para impor às escolas o suficiente cuidado pela saúde e pelo vigor físico dos seus alunos.

A *iniciativa*, a *energia*, a *medida*, a *coragem das responsabilidades*, o *sentimento do dever* etc. são também qualidades morais que dão grande valor aos agentes superiores da indústria. Quanto mais cedo e mais intensamente se procurar chamar a atenção dos futuros chefes sobre a importância dessas qualidades, tanto melhor.

A *cultura geral* não é mais bem-cuidada, em nossas escolas de engenharia civil, do que a cultura física ou moral. Toda a atenção dos alunos é dispensada às questões técnicas.

E não é tudo: a seleção dos candidatos é feita especialmente pela matemática; os cursos preparatórios compõem-se principalmente de matemática, não se cuidando de literatura, de história ou de filosofia.

Ora, os chefes de indústrias e os engenheiros, salvo raras exceções, têm necessidade de saber falar e escrever, podem dispensar a matemática superior. Sente-se perfeitamente que a *regra de três simples bastou sempre aos homens de negócios como aos chefes de exércitos*. Faz-se um cálculo errado ao sacrificar, durante quatro ou cinco anos, a cultura geral necessária em detrimento do excesso de matemática.

Voltarei mais adiante ao assunto.

Conhecimentos administrativos – Numa grande empresa industrial, a função que mais intensa e diretamente requer a atenção do chefe é a função *administrativa* (programa de ação, recrutamento, organização e direção do pessoal, coordenação, controle). Imediatamente após vêm as funções *técnica* e *comercial* e, por último, com menores exigências de ação pessoal, as funções *financeiras*, *atuarial* e de *contabilidade*.

A ação administrativa do chefe é considerável e absorvente.

Para o engenheiro de divisão, a capacidade administrativa tem tanta importância quanto a capacidade técnica. Esse fato pode surpreender. Explica-se facilmente: o chefe de serviço de uma divisão metalúrgica, por exemplo – altos-fornos, aciaria, laminação etc. –, não se ocupa mais, há alguns anos, senão de metalurgia e somente de uma parte limitada desta. Todos os detalhes que aprendeu na escola concernentes a minas, estradas de ferro, construção etc. lhe são de vaga utilidade, enquanto o manejo dos homens, a ordem, a previsão, todos os elementos administrativos, em uma palavra, ocupam constantemente sua atenção. No nível hierárquico que ele atingiu, os serviços que de futuro poderá prestar e seu próprio progresso dependerão muito mais provavelmente de sua capacidade administrativa que de sua capacidade técnica. E devem-se elevar até à direção não somente a administração que ele deverá incorporar aos seus conhecimentos, mas, ainda, o comércio e as finanças, de que não lhe disseram nada na escola, e a contabilidade, de que pouco lhe falaram.

Pode-se, sem grande esforço, imaginar um ensino mais bem adaptado ao objetivo.

Não resta dúvida de que o engenheiro necessita de apreciável instrução técnica. É preciso que ele conheça noções gerais suficientes para poder iniciar-se rapidamente nas operações técnicas em que é chamado a intervir. Mas não se espera, na indústria, que ele seja capaz, ao sair da escola, de dirigir um alto-forno, a perfuração de um poço de mina ou a construção de uma máquina. O melhor aluno mesmo é incapaz de desempenhar imediatamente essas funções; só o conseguirá depois de longa iniciação prática.

Do ponto de vista administrativo, uma preparação do mesmo gênero é também absolutamente necessária e sua falta, assim como a de noções suficientes de comércio, de finanças, de seguros e de contabilidade, é uma grave lacuna na formação dos agentes superiores da indústria.

O ensino atual de nossas escolas superiores de engenharia civil repousa sobre duas ilusões.

A primeira é a de que o valor dos engenheiros e dos chefes de indústria corresponde quase unicamente à sua capacidade técnica. A segunda é a de que o valor dos engenheiros e dos chefes de indústria tem relação direta com o número de anos que eles consagraram ao estudo da matemática. Esta não é menos funesta que a precedente e, possivelmente, é mais difícil de desfazer.

Abuso da matemática. Ninguém contesta que a matemática seja um dos ramos mais importantes do ensino, que ela seja o grande instrumento de progresso das ciências físicas e mecânicas e que todos aqueles que se consagram à indústria tenham necessidade de possuir noções mais ou menos amplas de matemática. Mas há *medida,* que se não deve perder de vista.

A filosofia, a literatura, a história natural, a química são também grandes fatores de progresso social; e isso é pretexto para impor a nossos futuros engenheiros muitos anos de forçada cultura de cada um desses conhecimentos?

Abusa-se da matemática na suposição de que quanto maior for o conhecimento dessa matéria, maior será a aptidão para o governo dos negócios e de que seu estudo, mais que qualquer outro, desenvolve o julgamento. São erros que causam sérios prejuízos ao país e que, penso, devem ser combatidos.

Onde começa o abuso?

Para facilitar a discussão chamarei matemática *superior* à que não entra no programa atual do bacharelado; este programa faz parte da *cultura geral* universitária; além dele, a matemática toma o nome de *especial,* tornando-se, com efeito, uma especialidade dos candidatos às escolas politécnicas e às escolas de engenharia civil. Desde o momento em que os jovens ingressam nas chamadas classes de "matemática especial", estas não constituem para eles cultura geral; são uma especialização.

*Longa experi*ência pessoal ensinou-me que o emprego de matemática *superior* é nulo no *governo dos negócios* e que os engenheiros, mineiros ou metalurgistas, quase nunca recorrem a ela. Deplorava eu que todos os alunos de nossas grandes escolas fossem obrigados a longos e inúteis estudos, agora que há tantas coisas necessárias a aprender e que a indústria tem necessidade de engenheiros jovens e de boa formação física e moral. Desejava, ainda, que se reduzissem os programas de matemática e que se introduzissem no ensino noções de *administração*. Pois bem: o *Congresso de Minas e Metalurgia* de 1900 deu-me ocasião de exprimir publicamente essas idéias.[1]

Em seguida à minha comunicação, o presidente do Congresso, Haton de la Goupillière, pronunciou as seguintes palavras:

"Senhores, vossos aplausos indicam bem ao Sr. Fayol a justeza de suas opiniões... Entretanto, permitir-me-á, espero, algumas observações, pois é preciso que a matemática encontre aqui alguma defesa.

Comecei minha carreira pela matemática pura. Durante vinte anos, ensinei na Escola de Minas ou na Sorbonne cálculo diferencial e integral, assim como mecânica. No que concerne à Escola de Minas, convencera-me das idéias que vos expôs o Sr. Fayol; fazia um curso bem-limitado de cálculo diferencial e integral, que *reduzira a dez lições,* em que condensara cuidadosamente tudo o que me parecia necessário para pôr os alunos em condições de estudar os outros programas do ensino. Mais tarde, passei para o curso de exploração de minas e de máquinas. O curso de análise foi, então, confiado a um homem eminentíssimo (os professores da Escola de Minas bem sabem a quem me refiro), um matemático de primeira ordem, que acreditou *dever dar a esse curso um desenvolvimento muito maior. Desde então, respeitou-se essa ampliação adotada por meu sucessor,* mas eu creio que o que diz o Sr. Fayol é justo e que conviria *reduzir a matemática pura às aplicações reais que a mocidade terá de fazer.* Todavia, vai aqui uma reserva à minha aprovação. Com efeito, não é necessário somente que o engenheiro se encontre em condições de executar os cálculos futuros que, segundo Fayol, estariam reduzidos a quase nada;

---

1. Congresso Internacional de Minas e Metalurgia, 23-6-1900, *Boletim* da Sociedade da Indústria Mineira, tomo XV, 1901.

é preciso, antes de mais nada, que o aluno possa cursar a escola e nela seja o ensino ministrado com uma precisão matemática sempre que possível.

Mas, sobretudo, penso, senhores, que a matemática é um todo-poderoso instrumento de formação para o espírito. Uma vez que o espírito do engenheiro esteja formado, ponde, se quiserdes, a matemática de lado; vosso aluno não ficará menos suscetível de se tornar um grande engenheiro ou um hábil administrador. O mesmo homem, se o houvésseis feito passar por fraca educação, não atingiria jamais o mesmo nível.

Tal é a única observação que eu desejaria fazer às excelentes palavras de meu muito eminente e caríssimo contraditor.

De outra parte, lembrarei ao Sr. Fayol que ele se encontra em excelente posição para dar às suas idéias toda a influência possível, pois faz parte de um conselho de primeira grandeza, o da Escola de Minas de Saint-Etienne. Esse conselho compreende, além dos professores, número notável de grandes indústrias; não se poderia, certamente, encontrar ninguém mais bem-indicado do que ele como industrial e como espírito de largas vistas."

Destarte, Haton de la Goupillière, ilustre matemático e grande professor, concordava na redução do ensino da matemática na Escola Superior de Minas ao que é útil aos alunos *para cursar a Escola*. Minha opinião não poderia ser apoiada por maior autoridade.

Resta a questão de saber se o estudo de matemática superior deve ocupar muitos anos da vida dos futuros engenheiros com a única esperança de formar seu raciocínio.

Creio firmemente que o estudo da matemática elementar contribui para formar o bom-senso, como qualquer ramo de cultura geral, mas não que a cultura intensiva da matemática superior, imposta sem necessidade aos futuros engenheiros, produza o mesmo efeito. A cultura excessiva de uma ciência qualquer é nociva ao equilíbrio físico e ao intelecto. O estudo da matemática não faz exceção à regra; seguida longamente com intensidade, ela não deixa intatos senão os cérebros muito bem-equilibrados. Citam-se matemáticos eminentes desprovidos de senso prático; homens de bom-senso, não matemáticos, são inumeráveis.

Augusto Comte faz notar que os fatos matemáticos são os mais simples, os menos complexos e também os mais "grosseiros" dos fenômenos, os mais abstratos ou os mais pobres, os mais afastados da realização, em contraste com os fatos sociais, que são os mais complexos e os mais sutis.

Se a sabedoria dependesse da posse de uma maior ou menor quantidade de conhecimentos matemáticos superiores, a humanidade teria estado, durante longo período, sem esse bem e em nossos dias poucos o possuiriam; advogados, sacerdotes, médicos, literatos, comerciantes não a atingiriam nunca e todos os contramestres, cujo robusto bom-senso constitui amiúde a principal força da indústria, todas as donas-de-casa, que administram tão maravilhosamente seus modestos recursos, seriam privados desse bem precioso, reservado somente aos matemáticos! Evidentemente, ninguém pensa em sustentar tal proposição. A virtude educativa não é mais inerente à matemática que à antiga literatura; reside, sobretudo, nos problemas sociais que a vida nos impõe. Toda aplicação do espírito, todo problema, de qualquer natureza que ele seja, pode contribuir para a formação do julgamento.

Não se contesta, entretanto, que a matemática *superior* goza em nosso país de grande prestígio.

Por quê?

Não é pelos serviços que ela presta aos chefes de indústria, pois esses não fazem uso dela.

Seria, então, pelos que presta aos chefes do exército? Tampouco.

"Sob o pretexto de que os progressos das ciências e da indústria serão utilizados na luta armada entre as nações", diz o general Maillard,[1] "proclama-se que a conduta da guerra será totalmente científica e que exigirá conhecimentos matemáticos desenvolvidos.

Nada é mais prejudicial ao espírito da guerra. A regra de três simples bastou até aqui e bastará ainda para a solução dos problemas que dependem de cálculo e que se podem apresentar no curso das operações."

Dessa maneira, a *regra de três simples* basta aos chefes de exército como aos chefes de indústria.

Se nos volvermos aos estudos de Napoleão, feitos quinze anos antes do começo do século passado, ter-se-á motivo para acreditar que o *deus da guerra* nunca se teria servido de fórmulas mais complicadas.

Não é, pois, aí, também, que se encontra a explicação do pretígio nacional da matemática.

Quanto aos engenheiros dos estabelecimentos mineiros ou metalúrgicos, tenham eles saído da Escola Central, de uma escola de minas ou de uma escola de artes e ofícios, nunca os vi servirem-se da matemática *superior* no cumprimento de suas funções. Unicamente os que se ocupam mais particularmente de construção – e estes são geralmente alunos de artes e ofícios, que não conseguiriam o curso de matemática *superior* – fazem freqüentemente uso de fórmulas que se encontram nos formulários.

Não é necessário frisar que a ciência essencial dos grandes chefes, a *administração,* não tem nada absolutamente em comum com a matemática superior.

A única explicação plausível que encontrei para o prestígio da matemática superior em nosso país é a seguinte:

---

1. *Eléments de la guerre,* pelo General Maillard, comandante da Escola de Guerra.

A Escola Politécnica goza, em nosso país, de fama muito grande e justificada.

Esse prestígio provém:

1º) Das situações que o Estado reserva aos alunos dessa escola nas funções públicas e no exército, situações que lhes proporcionam influência considerável em inúmeras grandes empresas e particulares.

2º) Do valor pessoal dos alunos.

É muito natural que a juventude inteligente e estudiosa faça grandes esforços para obter o título de politécnico e disso colher vantagens. As famílias, os dirigentes do ensino orientam os jovens inteligentes para esse fim.

E como é sobretudo pela matemática que se entra na escola e que se atingem os primeiros postos, o público conclui que a matemática é a ciência privilegiada, pois conduz a situações raras.

Toma-se, assim, o efeito pela causa. A matemática nada influi, ou quase nada, na consideração que se atribui à Escola Politécnica: essa consideração resulta dos privilégios reservados pelo Governo aos alunos dessa escola e do valor natural desses alunos.

Sem esses privilégios, o prestígio da escola cedo teria desaparecido; não seria a matemática que o manteria.

Se, ao contrário, mantidos esses privilégios, fosse a matemática, nos exames de admissão e finais, colocada no mesmo nível da química, da geologia ou dos exercícios físicos e se, ademais, a arte de falar e de escrever merecesse consideração, a escola seria tão procurada como antes, a grande maioria dos alunos não estaria menos apta a preencher os cargos que lhes são reservados, mas a matemática superior perderia logo todo o seu prestígio.

Recrutados entre os jovens inteligentes do país inteiro, os alunos da Escola Politécnica constituem incontestavelmente uma elite. Deixariam de constituir elite sem o excesso de matemática a que são submetidos? Há certeza de que esse ensino lhes seja mais nocivo que útil?

Deve-se perguntar por que a matemática *superior,* de que os chefes de empresas não fazem uso, que serve pouco aos engenheiros e militares, que tem pouca ação ou antes uma ação prejudicial sobre o raciocínio, quando constitui uma sobrecarga aos jovens estudantes, permanece à testa do programa de admissão e das classificações nos cursos de estudo da Escola Politécnica. Fiquei contristado ao verificar que a opinião geral atribui essa prática à facilidade de classificação que a matemática proporciona aos examinadores.

Seja como for, faço votos para que a Escola Politécnica reduza seus programas de matemática, para que as letras aí tomem maior importância e para que a administração não seja olvidada.

Estou convencido de que seu prestígio nada perderá e nossas escolas de engenharia civil, que se julgam obrigadas a imitá-la, cessariam de impor a seus candidatos e a seus alunos provas inúteis e, portanto, prejudiciais.

Duração dos estudos. Afirmei no Congresso de Minas e de Metalurgia, em 1900:

> "Nossos futuros engenheiros permanecem muito tempo na escola. A indústria, que tem necessidade de jovens sadios, ágeis, sem pretensão, diria mesmo, cheios de ilusões, recebem com freqüência engenheiros fatigados, anêmicos de corpo e de espírito, com menos disposição do que se poderia desejar para a execução de tarefas modestas e para os admiráveis esforços que tornam tudo fácil.
>
> Estou convencido de que se poderia entregá-los mais cedo à vida ativa, bem-preparados, suprimindo do ensino as coisas inúteis..."

Desde 1900, minha opinião sobre a duração muito longa dos estudos de engenharia tem cada vez mais se confirmado.

Calculo que quatro anos são bem suficientes para fazer, de um bom aluno do curso secundário, um diplomado das escolas técnicas superiores. O jovem engenheiro pode estar pronto a entrar para a indústria aos 21 ou 22 anos; nessa idade ele está em condições de ser útil.[1]

Esse resultado deve ser obtido consagrando-se seis meses a lições de *administração,* de *comércio,* de *finanças,* de *seguros* e de *contabilidade,* que faltam hoje nas grandes escolas.

É preciso ganhar pelo menos dois anos sobre o tempo consagrado à matemática superior e a alguns detalhes inúteis dos cursos técnicos.

Estou convencido de que isso pode ser feito, preparando-se os alunos de engenharia civil muito melhor do que o são hoje para as funções da vida industrial.

Resta a questão do serviço militar, que não creio se deva examinar aqui.

Nunca será excessivo o cuidado que se tenha na formação desses jovens sobre quem repousa em grande parte o futuro industrial do país. É essa idéia que me induz a formular aqui alguns conselhos, que eu lhes daria de bom grado, se estivesse para isso autorizado, no momento em que fossem deixar os bancos da Escola.

Conselhos aos futuros engenheiros. Estais contentes, ao pensar que enfim podereis ser úteis, e tendes o legítimo desejo de conquistar uma honrosa situação, em troca da prestação de vossos serviços.

---

1. Comecei como engenheiro de divisão das minas de carvão de Commentry aos 19 anos, saindo da Escola de Minas de Saint-Étienne. Estávamos em 1860. Nessa época longínqua, o serviço militar não era obrigatório.

As qualidades que tereis de empregar não são exatamente aquelas que permitem atingir os primeiros postos da Escola. Assim, a saúde, a arte de lidar com os homens, as maneiras, que não fazem parte dos exames, têm certa influência no sucesso do engenheiro. As circunstâncias são também diversas; não é pois de surpreender o fato de os primeiros e mesmo os superiores não serem sempre os que triunfam.

Vós não estais preparados para a direção de uma empresa, mesmo pequena. A Escola não vos deu nem as noções administrativas, nem as noções comerciais, nem mesmo as noções de contabilidade necessárias a um chefe de empresa. Mesmo que vos fossem dadas, faltar-vos-ia, ainda, o que se chama *prática, experiência,* e que não se adquire senão no convívio dos homens e das coisas.

Não estais tampouco preparados para dirigir imediatamente um grande serviço técnico. Nenhum chefe de indústria cometeria a imprudência de vos confiar, de início, a perfuração de um poço de mina, a direção de um alto-forno ou de um laminador. É preciso antes de mais nada que aprendais os encargos que vós não conheceis ainda.

Como a maioria de vossos predecessores, começareis na qualidade de engenheiro auxiliar ou em funções mais modestas.

Não se espera de vós julgamento maduro, conhecimento prático dos processos técnicos, nem visão ampla dos mil detalhes mais ou menos relacionados com a vossa função, mas se exige que tragais, com vosso diploma, reflexão, lógica, espírito de observação, devotamento no desempenho de vossa tarefa. As noções teóricas que possuís permitir-vos-ão assimilar rapidamente os detalhes de qualquer classe de trabalho.

Vosso futuro dependerá muito de vossa capacidade técnica, mas dependerá mais ainda de vossa capacidade administrativa. Mesmo para um estreante, saber comandar, prever, organizar e controlar é complemento indispensável dos conhecimentos técnicos. Não vos julgarão pelo que sabeis, mas por vossas obras.

O engenheiro realiza muito poucas coisas sem a intervenção dos outros, mesmo em seus primeiros passos. Saber lidar com os homens é para ele uma necessidade imediata.

Tereis de início como subordinados diretos, contramestres, antigos operários na maioria, que foram escolhidos entre seus camaradas por sua inteligência, sua conduta e sua aptidão para o comando. Eles têm a experiência dos operários e da oficina, que vos falta, e eles bem o sabem. Também sabem que sois relativamente eruditos; eles têm pela ciência um respeito pleno de simpatia. São essas as bases do acordo tácito que deve ser estabelecido entre vós.

Não esqueçais que o contramestre representa numerosos anos de experiência e um julgamento desenvolvido por uma prática quotidiana; pensai que com seu contato podereis adquirir preciosos, indispensáveis conhecimentos práticos, complemento necessário do ensino da escola.

Para com os operários, observai atitude de polidez e de benevolência; procurai estudá-los em sua conduta, seu caráter, suas aptidões, seu trabalho e mesmo em seus interesses pessoais. Lembrai-vos de que em todos os meios sociais se encontram homens inteligentes. Por hábil comando obtém-se não somente a disciplina, podendo ainda a dedicação atingir, em circunstâncias difíceis ou perigosas, até a abnegação, o sacrifício de si mesmo.

No serviço, medi cuidadosamente vossas palavras e jamais censureis alguém imerecidamente. Não hesiteis em reconhecer abertamente, caso necessário, que vossa observação era baseada em interpretação inexata dos fatos ou dos regulamentos.

Esforçai-vos por atrair a simpatia de vosso chefe, mediante verdadeiro zelo no exercício de vossas funções; ele demonstrará boa vontade, de que não devereis abusar.

Tende reserva e medida na apreciação das coisas e das pessoas que vos cercam. Criticar com a idéia de contribuir para uma melhoria é excelente; mas qualquer outra espécie de crítica é ato de leviandade ou de malquerença.

Tende confiança em vós mesmos sem cair na presunção; não se trata de desprezar as opiniões nem de negligenciar a experiência dos outros, mas é preciso saber defender os pontos de vista com confiança e entusiasmo, quando se possui um objetivo e se está seguro de si mesmo. Dificilmente conseguireis convencer os outros se não estiverdes convencidos.

Vosso tempo nunca será completamente absorvido pelos vossos trabalhos profissionais; podereis sempre encontrar o tempo necessário para o estudo.

Trabalhai para completar vossos conhecimentos profissionais, mas não negligencieis vossa instrução geral. Os chefes que vos inspiram maior estima e admiração não cessam, vós o vereis, de instruir-se num esforço constante.

Convenci-vos de que há muito a aprender em torno de vós. O interesse pelas coisas é que faz as coisas interessantes. Tomai nota dos fatos à medida que eles se apresentam ao vosso espírito; se os classificardes com método não tardareis em verificar que fizestes trabalho útil.

Não há dúvida, se gostardes de vosso ofício, de que encontrareis logo problemas que vos seduzirão e em que vos procurareis aprofundar. Consagrai-lhes vossas vagas; investigai o que fazem os outros nos mesmos casos; vede se não deixaram algum problema por resolver.

O saber não é decorrência exclusiva do cumprimento das tarefas quotidianas: instruí-vos pelos livros, pelas revistas, pelo esforço pessoal, pois de outro modo só colhereis decepções.

Inscrevei-vos como membros das principais sociedades técnicas de vossa especialidade, acompanhai as reuniões, assisti aos congressos. Mantereis assim relações com os homens eminentes de vossa profissão.

Tratai logo de publicar, sobre assuntos que tiverdes estudado, notas, a princípio, modestas. Tereis e dareis assim uma idéia de vossa competência.

A posse de uma boa saúde é condição essencial de êxito. É necessário pois cuidar da saúde. Não ultrapasseis a medida de vossas próprias forças. Combinai destarte os exercício físicos e os esforços intelectuais.

Tereis, talvez, um dia, em circunstâncias críticas, de suportar um trabalho intenso, tanto de dia como à noite, até o esgotamento. Um pouco de repouso restituirá a vossas faculdades um funcionamento normal. Mas devereis saber que os excessos de trabalho são, às vezes, tão perigosos como os outros. Quando o cérebro está fatigado e não obedece mais, é tempo de distrair-se. Não gozar férias é hábito prejudicial; o rendimento individual se ressente, na falta de descanso, tanto em quantidade como em qualidade.

Sede corajosos e entusiastas, como convém à juventude; não vos deixeis nunca dominar pelo desânimo.

Quando se dispensa ao trabalho o melhor de si mesmo, à custa de fadigas e aborrecimentos, a satisfação da obra em andamento faz esquecer os dissabores todos.

Tende iniciativa, tende mesmo audácia. O temor das responsabilidades é um índice de fraqueza.

Não esqueçais que toda inteligência, todos os esforços, todas as qualidades consagradas à prosperidade de uma empresa podem falhar; o acaso, as circunstâncias, têm, às vezes, grande influência sobre o sucesso dos negócios e, conseqüentemente, sobre o dos homens que os dirigem.

Mas é preciso não exagerar o fator sorte. Aquele que triunfa uma primeira vez pode ser simplesmente afortunado; se o êxito se repete, somos obrigados a admitir que seu valor pessoal é o elemento principal do sucesso.

Pertenceis à elite intelectual; não deveis, portanto, desinteressar-vos de vosso tempo; deveis estar ao corrente das idéias gerais que agitam a sociedade moderna em todos os domínios.

Deveis dedicar-vos não somente a vós mesmos, mas também a vossos colegas, a vossos chefes e à empresa a que servis; vossa presença, vossa atitude, vossos propósitos, vossa conduta devem revelar em vós o sentimento exato de vossa responsabilidade.

Por último, não deveis esquecer que o casamento é o ato mais importante da vida civil; que desse ato dependem muito a felicidade da vida e o sucesso mesmo da carreira; que deveis esforçar-vos em ser dignos de uma boa companheira e que deveis fazer uma escolha digna de vós.

2º ENSINO SECUNDÁRIO

O ensino secundário dos liceus tem como objetivo a *cultura* geral e como recompensa o *bacharelato*. Não prepara ninguém especialmente para nenhuma carreira. Seus alunos são menos preparados que os de uma escola primária destinada a postos inferiores da indústria, não estando absolutamente instruídos para os postos elevados. São como que uma espécie de produto intermediário que tem necessidade de nova elaboração para poder ser utilizado:

Para os futuros engenheiros, essa preparação é feita nas escolas técnicas superiores, aonde os candidatos chegam após um ou dois anos de preparação especial. Se esse preparo deixa muito a desejar, seja do ponto de vista das necessidades do país, seja do ponto de vista do futuro dos jovens, não é ao liceu que cabe a culpa, mas à escola superior que fixa as condições de admissão. O liceu obedece ao programa de ensino dos cursos preparatórios; ele não é responsável por isso. No dia em que as escolas técnicas superiores exigirem de seus candidatos menos matemática, mais clareza na expressão de seu pensamento e um pouco de administração, os liceus procurarão harmonizar o ensino com os programas de admissão. Faço votos para que esse dia não esteja muito longe.

a) Dirigido para o ensino universitário. O ensino secundário da universidade não tem a indústria diretamente em vista. Seus alunos irradiam-se para carreiras as mais diversas: medicina, direito, professorado, comércio, agricultura, escolas industriais, exército etc.

A universidade deu a todos esses jovens a cultura geral, em que confiaram antes de sua especialização?

Do ponto de vista industrial, o Comitê das Ferrarias respondeu "Não", fazendo pesar a responsabilidade sobre os programas adotados em 1902. Alguns outros representantes da atividade social emitiram opiniões contraditórias; a maior parte nada disse.

Não creio que tudo vá bem no ensino secundário da universidade; estou bem convencido, por exemplo, de que, na direção dos estudos, se as regras administrativas de *unidade de ação,* de *coordenação* e de *controle* fossem mais bem observadas, os resultados seriam melhores. Mas não se trata de questões de programa e não creio que os programas de 1902 sejam em tudo responsáveis pelo mal de que nos queixamos. Sob esse ponto de vista, parece-me que o ensino secundário é menos defeituoso que o técnico superior, sendo sobre este último que o esforço se deve basear, primeiro e principalmente.

b) Dirigido para o ensino especializado. Os agentes médios que a indústria não encontra entre os alunos do ensino universitário, ela os recruta em grande parte nas escolas técnicas, cada vez mais numerosas e melhores, instituídas especialmente com o objetivo de preparar bons contramestres e bons chefes de oficina. A construção, as minas, a metalurgia, a agricultura, a química, a eletricidade, a tecelagem têm suas escolas especiais, locais ou regionais, donde sai cada ano um exército de bons elementos. O conjunto desses jovens, resultado geralmente de uma seleção a que se procedeu durante o curso dos estudos primários, constitui uma elite sobremodo hábil para o serviço industrial. Certo número deles chega à posição de chefe de empresa, atingindo alguns as mais altas situações industriais.

Até aqui a *administração* não fez parte dos programas de ensino das escolas técnicas secundárias; é uma lacuna lamentável. Os alunos dessas escolas, destinados a postos de chefia, devem ter noções bem amplas sobre a arte de prever, organizar, comandar, coordenar e controlar.

3º ENSINO PRIMÁRIO

Ninguém duvida de que um bom ensino primário seja uma excelente preparação para os trabalhos industriais. Quando ao Estado não estava afeta a responsabilidade do ensino primário, as grandes empresas tinham geralmente suas escolas; posteriormente não se desinteressaram elas por tal ensino. Intervêm, seja na forma de favores reservados aos melhores alunos, por subvenções destinadas à criação de cursos superiores ou especiais, seja de outra forma.

Hoje, os operários mineiros ou metalúrgicos têm tanta senão mais instrução que a média dos contramestres e mestres mineiros de meio século atrás. O resultado é apreciável, mas está ainda longe do máximo possível.

Creio que seria bom introduzir no ensino primário algumas noções de administração. Duas páginas de texto e alguns quadros gráficos bastariam para instilar no espírito das crianças o germe de conhecimentos que se desenvolveriam naturalmente no decorrer da vida.

B – FUNÇÃO DA OFICINA (DO PATRÃO)

Assim que deixa a escola, o agente industrial não passa de um aprendiz: aprendiz-operário, aprendiz-contramestre, aprendiz-engenheiro, aprendiz-diretor. Mesmo que tenha feito estudos especiais, seu preparo é incompleto; falta-lhe a experiência do meio, onde o fator humano e a luta comercial têm uma importância de que é difícil dar uma idéia exata na escola. A educação dos alunos exige complemento; no momento em que o papel da escola termina deve começar o da oficina.

A função educacional do patrão deve exercer-se constantemente e em todos os níveis.

É preciso descobrir aptidões, encorajar os esforços, facilitar a iniciativa, a aprendizagem, recompensar o zelo e o sucesso, operar uma seleção contínua. Chega-se, assim, a formar um pessoal.

Um agente assim formado na própria empresa, seja qual for seu nível, está em condições de desempenhar melhor suas funções que outro recrutado alhures. Mesmo promovendo os agentes conhecidos, não se está a coberto de decepções; mas a empresa está muito mais exposta a elas quando o agente vem de fora, apesar de todas as precauções tomadas.

Para a formação *técnica* dos agentes de todos o níveis, em todas as empresas similares existem usos quase idênticos, decorrentes da doutrina científica e da experiência; para instruir-se, o agente não precisa mais que abrir os olhos, refletir e esforçar-se para bem cumprir sua missão.

Não sucede o mesmo com a formação *administrativa*. A falta de doutrina provoca hesitação, contradições, dentre as quais amiúde é dificil ver outra coisa senão a vontade onipotente do chefe.

Sinal de boa administração é formação metódica, perseverante, dos agentes de todas as classes e de todos os graus, de que se tem necessidade. Alguns anos de hábeis esforços proporcionam a esse respeito maravilhosos resultados. Infelizmente, não é preciso muito tempo a uma direção incapaz para anular o valor de um bom pessoal, sobretudo do ponto de vista administrativo.

Se o chefe dá o exemplo, iniciando tanto quanto possível seus subordinados imediatos nos problemas gerais da empresa; se ele dá ordens ao engenheiro para ensinar ao contramestre um pouco de sua ciência, em troca das noções experimentais que recebe; se ele consegue que o contramestre instrua os operários, há grandes probabilidades de que a empresa disponha rapidamente de um bom pessoal.

C – FUNÇÃO DA FAMÍLIA

Como qualquer entidade, a família tem necessidade de *administração*, isto é, de previsão, de organização, de comando, de coordenação e de controle. A família poderia ser uma excelente escola de administração; os princípios, os procedimentos, os métodos, instilando-se naturalmente no espírito das crianças, constituiriam noções transmissíveis e perceptíveis. Mas não é assim. Cada qual crê possuir a respeito noções suficientes e segue sua inspiração ou deixa as coisas andarem ao sabor dos acontecimentos. Do ponto de vista administrativo, a família dá os mais variados exemplos, do melhor ao pior; e isso se repete constantemente, sem um progresso sensível.

Unicamente uma doutrina firmada, devidamente submetida à discussão pública, pode pôr termo a essa hesitação geral que subsiste no recesso dos lares.

Somente então poderá a família desempenhar na formação administrativa da juventude o papel que lhe cabe.

D – FUNÇÃO DO ESTADO

O Estado pode contribuir para a formação administrativa dos cidadãos, com suas escolas e pelo exemplo.

Vimos que as escolas do Estado se descuidaram, até o presente, quase completamente, do ensino administrativo. Desse lado, tudo está por fazer.

Quanto aos exemplos do Estado, eles são, como os da família e da oficina, de valores bem diferentes e variáveis. Nos grandes serviços nacionais, a previsão, a organização, o comando, a coordenação e o controle só estão ao alcance de inteligências de elite, imbuídas da experiência dos negócios. Ora, o sistema de recrutamento atual conduz freqüentemente ao poder homens estranhos aos negócios e não preparados ou apenas insuficientemente preparados para as difíceis funções em que foram de repente investidos. Nessas condições, a administração é forçosamente desigual, boa, talvez mesmo muito boa, às vezes, mas imprópria para formar a educação administrativa dos cidadãos.

Creio que um bom ensino administrativo poderia melhorar essa situação.

3º COMANDO

Constituído o corpo social, é preciso fazê-lo funcionar: eis a missão do *comando*.

Essa missão se reparte entre os diversos chefes da empresa, cada um com os encargos e a responsabilidade de sua unidade.

Para cada chefe, o objetivo do comando, no interesse da empresa, é tirar o melhor proveito possível dos agentes que compõem sua unidade.

A *arte de comandar* repousa sobre certas qualidades pessoais e sobre o conhecimento dos princípios gerais de administração. Manifesta-se tanto nas pequenas como nas grandes empresas. Ela tem suas gradações como todas as outras artes. A grande unidade que funciona bem e dá seu máximo de rendimento suscita a admiração pública. Em todos os domínios, na indústria, no exército, na política ou alhures, o comando de uma grande unidade exige raras qualidades.

Limitar-me-ei a lembrar alguns preceitos que têm, por objetivo, facilitar o *comando*.

O chefe encarregado de um *comando* deve:

1º) ter conhecimento profundo de seu pessoal;
2º) excluir os incapazes;

3º) conhecer bem os convênios que regem as relações entre a empresa e seus agentes;
4º) dar bom exemplo;
5º) fazer inspeções periódicas do corpo social, recorrendo nessas inspeções ao auxílio de quadros sinópticos;
6º) reunir seus principais colaboradores em conferências, onde se preparam a unidade de direção e a convergência dos esforços;
7º) não se deixar absorver pelos detalhes;
8º) incentivar no pessoal a atividade, a iniciativa e o devotamento.

....

1º Conhecimento profundo do pessoal

Ante uma grande unidade, que conta centenas ou milhares de agentes, o problema parece insolúvel à primeira vista. Mas a dificuldade reduz-se singularmente com o modo de constituição do corpo social, modo que deriva certamente dessa mesma dificuldade.

Seja qual for seu nível hierárquico, um chefe comanda *diretamente* apenas reduzido número de subordinados, ordinariamente menos de seis. Somente o chefe (contramestre ou equivalente) comanda, às vezes, diretamente, 20 ou 30 homens, quando a operação é simples.

Não é, pois, impossível ao chefe, mesmo em uma grande empresa, estudar seus subordinados *diretos* e chegar a saber o que pode esperar de cada um, qual o grau de confiança que lhe pode atribuir.

Esse estudo exige sempre certo tempo. É tanto mais difícil quanto mais elevada é a categoria dos subordinados, quando suas funções os afastam uns dos outros e quando os contatos entre chefes e subordinados são raros, como acontece, às vezes, no ápice das grandes empresas. Esse estudo não se concilia com a *instabilidade* do alto pessoal.

Quanto aos subordinados indiretos, isto é, todos aqueles que, de degrau em degrau, chegam até à base da pirâmide, da qual ele é o vértice, e sobre quem sua ação não se exerce senão por intermediários, é evidente que o chefe não pode conhecê-los todos individualmente, o conhecimento diminui à medida que o número de empregados aumenta.

2º Exclusão dos incapazes

Para manter sua unidade em bom estado funcional, o chefe deve excluir ou propor a exclusão de todo agente que, por qualquer motivo, se torne incapaz de exercer bem sua função. É um dever imperioso; sempre grave; amiúde, árduo.

Tomemos, por exemplo, o caso de um antigo servidor, altamente colocado, estimado e querido, que prestou grandes serviços, mas cujas faculdades estão em declínio – sem que disso ele se aperceba –, a ponto de embaraçar a marcha da empresa. A exclusão tornou-se necessária. Mas quem é o juiz dessa necessidade? Quem se encarregará de fixar o momento preciso de sua execução? Somente o chefe, sem que nenhum princípio, nenhuma regra cubra sua responsabilidade. A lembrança dos serviços prestados, a afeição, as repercussões infalíveis fazem adiar uma medida que vai surpreender e magoar profundamente um agente devotado e respeitado; unicamente o interesse geral, em que o chefe é juiz e responsável, impõe o afastamento sem dilação. O dever foi ditado; é preciso cumpri-lo hábil e corajosamente; isso não está ao alcance de qualquer um.

O corpo social em peso sente-se atingido pela amputação de um de seus membros e, sobretudo, de um membro importante. A segurança de cada um dos agentes seria abalada, sua confiança no futuro e, conseqüentemente, seu zelo diminuiriam, se ele não tivesse a convicção de que a operação era necessária e justa.

É necessário induzir a essa convicção.

Para essas eventualidades a empresa prevê compensações pecuniárias, satisfações honoríficas, funções leves que permitem conservar um pouco de atividade. O chefe benevolente e hábil encontra nesses recursos e em seu coração o meio de pensar os ferimentos de amor-próprio e de interesse que ele foi obrigado a fazer; encontra, ao mesmo tempo, o meio de tranqüilizar todos os membros do corpo social sobre seu futuro.

Vê-se por esse exemplo que o afastamento dos membros incapazes do pessoal põe em jogo as mais altas qualidades morais do chefe, principalmente certa coragem cívica, cuja prática, às vezes, é mais difícil do que a da coragem militar.

3º Conhecimento profundo dos convênios que regem a empresa e os agentes

A empresa e seus agentes são ligados por convênios.

O chefe deve zelar pela execução desses convênios. Isso impõe duplo papel: defender o interesse da empresa perante seus agentes e defender o interesse dos agentes perante o patrão.

A empresa está exposta a múltiplas pressões, determinadas, seja pelo desejo de uma retribuição mais elevada ou de um esforço menor, seja pelos conselhos da preguiça, da vaidade ou de outras paixões e fraquezas humanas. Entre essas pressões as mais temíveis são as que partem do próprio chefe, quando esquece que somente o interesse da empresa deve guiar sua conduta e que deve evitar com cuidado tudo o que propenda a favoritismo, quando se trata de sua família, de seus camaradas, de seus amigos. Para desempenhar essa primeira parte de seu papel, o chefe precisa de integridade, tato e energia.

Para proteger o pessoal contra os possíveis abusos do patrão, o chefe tem necessidade de um conhecimento bem completo dos convênios, de profundo sentimento do dever e de eqüidade.

A observância atenta e inteligente dos convênios não libera sua consciência. Bons ou maus, os convênios têm seu tempo. Chega sempre um momento em que eles não se harmonizam mais com as condições econômicas ou sociais vigentes; é necessário observar a evolução, sob pena de correr-se o risco de enfrentar algum temível conflito.

Ninguém mais bem-situado que o chefe de unidade para observar os convênios e aconselhar ou realizar, se tiver poderes para isso, observando também as modificações que o tempo e as circunstâncias tornaram necessárias.

4º O bom exemplo do chefe

Está entendido que todo chefe tem o poder de se fazer obedecer. Mas a empresa estaria muito mal servida se a obediência não fosse obtida senão pelo temor da repressão. Há outros meios de conseguir obediência mais fértil em resultados, geradora de esforços espontâneos e de iniciativa refletidas.

Alguns chefes obtêm a obediência, a atividade, o zelo e mesmo o devotamento sem esforço aparente; outros jamais o conseguem.

Dentre os meios indicados para a consecução daqueles resultados, um dos mais eficazes é o exemplo.

Quando o chefe dá o exemplo de assiduidade, ninguém ousa chegar tarde. Quando ele é ativo, corajoso, devotado, todos o imitam e se ele souber lidar com o pessoal, acabará tornando o trabalho agradável.

O mau exemplo também é contagioso e, partindo do alto, tem as mais graves repercussões sobre a unidade inteira. É essa uma das inúmeras razões que fazem desejar-se um bom chefe.

5º Inspeções periódicas do corpo social

Seria excessiva imprudência não fazer, periodicamente, inspeções de todos os órgãos de uma máquina, sobretudo de máquina complicada. Fica-se exposto a maus rendimentos, acidentes e mesmo catástrofes. A vigilância diária, um pouco superficial, não constitui garantia suficiente.

A necessidade de revisões periódicas das máquinas administrativas não é menor, mas tais revisões são infinitamente menos realizadas. As razões são numerosas.

Em primeiro lugar, não se tem uma idéia exata sobre o modelo a adotar. Enquanto se sabe perfeitamente o que deve ser um órgão ou uma peça de máquina em bom estado, não se têm, geralmente, noções precisas sobre o que constitui o organismo que tem a seu cargo uma função ou um dos elementos desse organismo. Está-se acostumado aos aspectos diversos e variáveis e as reparações necessárias não transparecem claramente.

Depois, o que toca ao pessoal exige geralmente mais tempo, mais tato e mais energia que uma operação material.

Nas reformas do pessoal, é preciso estar imbuído do sentimento de alta responsabilidade moral, não conciliável absolutamente com a instabilidade dos chefes.

É prudente estabelecer uma regra que imponha, podemos dizer, automaticamente, o exame periódico do corpo social.

A regra seguinte responde a essa necessidade:

"Todos os anos, a propósito da confecção do programa anual, é feito, com o emprego de quadros sinópticos, estudo minucioso da constituição do corpo social."

Os *quadros sinópticos* representam a hierarquia dos chefes da empresa, com a indicação do superior direto e dos subordinados diretos de cada um deles. É uma espécie de fotografia dos quadros em um momento preciso. Dois gráficos, feitos em datas diferentes, mostram as modificações produzidas durante o intervalo, na constituição do corpo social.

Eles são preciosos para as inspeções periódicas.

Não o são menos no serviço corrente, para evitar as formas viciosas que surgem comumente de modificações prematuras do organismo. Esses vícios de organização social, dificilmente perceptíveis em uma descrição, saltam aos olhos nos *quadros*. É como um gabarito, que não deixa passar forma alguma defeituosa.

Do ponto de vista do princípio da *unidade de comando*, eles prestam ainda grandes serviços. Sabemos que a dualidade é a fonte de uma infinidade de conflitos. Ora, a dualidade introduz-se amiúde no pessoal por pequenos defeitos de organização que os quadros revelam e permitem evitar.

Os *quadros sinópticos de pessoal*, permanentemente em dia, fazem parte dos processos a que um chefe de unidade, de uma grande unidade sobretudo, constantemente recorre.

6º Conferências e relatórios

Numa conferência, o chefe que reúne em torno de si seus principais colaboradores diretos pode expor um programa, recolher as idéias de cada um, tomar uma decisão, assegurar-se de que suas ordens são cumpridas e de que cada qual sabe a parte que lhe cabe na execução, tudo isso em tempo muito menor que o necessário para chegar ao mesmo resultado sem conferência.

Pode-se mesmo dizer que se esses colaboradores são altos chefes de serviço, sem contato freqüente entre si e com o chefe, como sucede comumente nas grandes empresas, não é possível obter sem conferência, mesmo ao preço de muito tempo e de trabalho, a segurança e a força que a reunião pode dar.

O chefe deve estar a par de tudo o que se passa, seja por si mesmo na pequena unidade, seja indiretamente na grande.

Os *relatórios* verbais e os escritos constituem complementos de fiscalização e controle de que ele deve fazer uso.

7º Não se deixar absorver pelos detalhes

Um grave defeito para um alto chefe consiste em consagrar muito tempo a detalhes que agentes subalternos poderiam resolver tão bem, senão melhor que ele, enquanto importantes problemas aguardam solução porque ele não encontra tempo para resolvê-los.

Alguns crêem que são muito úteis, ocupando-se pessoalmente das menores coisas; outros não se podem habituar à idéia de que uma coisa possa ser bem-feita sem sua intervenção direta e esse modo de agir obriga alguns a deixarem periclitar os negócios durante sua ausência.

Sem se inquietar com o julgamento das pessoas que pensam que um grande chefe deve ter sempre um ar atarefado, este deve procurar sempre reservar a necessária liberdade de pensamento e de ação ao estudo, à direção e ao controle dos grandes negócios.

Deve descarregar sobre seus subordinados e sobre o estado-maior toda tarefa que ele não é obrigado a realizar pessoalmente. Não lhe sobrarão nunca tempo nem forças para as questões que solicitam constantemente sua atenção pessoal.

Não se deixar absorver pelos detalhes não quer dizer que ele não os deva observar. Um chefe deve tomar conhecimento de tudo, mas ele não pode ver tudo nem tudo fazer. É preciso que o cuidado reservado às pequenas coisas não o faça esquecer as grandes. Uma boa organização prevê isso.

8º Incentivar no pessoal a união, a atividade, a iniciativa e o devotamento

O chefe pode contribuir de maneira decisiva para a *união* do pessoal, afastando os germes de divisão que acarretariam *dualidade de comando, atribuições maldefinidas, censuras imerecidas* etc.

Pode desenvolver a *iniciativa* de seus subordinados, atribuindo-lhes a maior parte de ação que sua situação e sua capacidade comportam, mesmo ao preço de algumas faltas, cuja importância, de outra parte, é possível limitar por uma vigilância atenta. Guiando-os discretamente sem substituí-los, encorajando-os com um elogio preciso, fazendo, às vezes, certos sacrifícios de amor-próprio em benefício deles, pode o chefe rapidamente transformar homens bem dotados em agentes de elite.

Estendendo esse método a todos os níveis hierárquicos, pode melhorar rapidamente o conjunto do pessoal, prestando grande serviço à empresa.

Ao contrário, um acolhimento distraído e desdenhoso, a recusa ou o adiamento indefinido de qualquer proposta não tardam em esgotar as fontes da iniciativa e do devotamento.

Não é preciso muito tempo para mudar, para melhor ou pior, por uma direção hábil ou inábil, as disposições de um pessoal.

Muitos outros conselhos poderiam ou poderão ser acrescentados aos precedentes. São outros tantos meios que a experiência assinala como de natureza a facilitar a tarefa do chefe. É preciso não esquecer que o melhor instrumento não dispensa o artista.

4º COORDENAÇÃO

Coordenar é estabelecer a harmonia entre todos os atos de uma empresa de maneira a facilitar o seu funcionamento e o seu *sucesso*.

É dar ao organismo material e social de cada função as proporções convenientes para que ele possa desempenhar seu papel segura e economicamente.

É considerar, em uma operação qualquer – técnica, comercial, financeira ou outra –, as obrigações e as conseqüências que essa operação acarreta para todas as funções da empresa.

É equilibrar as despesas e os recursos financeiros, o vulto dos imóveis e dos utensílios e as necessidades de fabricação, o abastecimento e o consumo, as vendas e a produção.

É constituir sua casa nem muito pequena nem muito grande, adaptar a ferramenta ao seu uso, o caminho ao veículo, os processos de segurança aos perigos.

É pôr o acessório depois do principal.

É, em suma, adaptar os meios ao fim, dar às coisas e aos atos as proporções convenientes.

Numa empresa bem-coordenada os seguintes fatos podem ser observados:

a) Cada serviço caminha de acordo com os outros: o serviço de abastecimento sabe o que deve prover e em que momento; o serviço de produção sabe o que se espera dele; o serviço de conservação mantém o material e os utensílios em bom estado; o serviço financeiro procura os capitais necessários; o serviço de segurança assegura a proteção dos bens e das pessoas; todas as operações são efetuadas com ordem e firmeza.

b) Em cada serviço, as divisões e subdivisões são exatamente informadas sobre a parte que lhes cabe na obra comum e sobre a ajuda mútua que elas se devem prestar.

c) O programa de ação dos diversos serviços e das subdivisões de cada serviço é constantemente mantido em harmonia com as circunstâncias.

Tal resultado exige direção inteligente, experimentada e ativa.

É preciso convir que essas três condições nem sempre são atendidas, pois comumente se observam em certas empresas os seguintes sinais de uma incontestável *descoordenação*:

a) Cada serviço ignora e quer ignorar os outros, como se fosse ele mesmo o objetivo e a razão de ser, sem se inquietar nem com os serviços vizinhos nem com o conjunto da empresa.

b) Um compartimento estanque existe entre as divisões e os escritórios de um mesmo serviço e entre os diferentes serviços. A grande preocupação de cada um é colocar sua responsabilidade ao abrigo de um papel, de uma ordem ou de uma circular.

c) Ninguém pensa no interesse geral. A iniciativa e o devotamento estão ausentes.

Essa disposição do pessoal, desastrosa para a empresa, não é resultado de uma vontade previamente concentrada. É o resultado de uma coordenação nula ou insuficiente.

Um bom pessoal não tarda em se debilitar se não é constantemente chamado às suas obrigações para com a empresa e para com todos os membros do corpo social.

Um dos melhores meios de manter no pessoal o entusiasmo pelo trabalho e facilitar-lhe o cumprimento de seu dever é a *conferência dos chefes de serviço*.

Conferência semanal dos chefes de serviço. A conferência dos chefes de serviço tem por objetivo informar a direção sobre a marcha da empresa, indicar o concurso que os diversos serviços devem prestar uns aos outros e aproveitar a presença dos chefes para resolver vários problemas de interesse comum.

Não se trata, nessas conferências, de estabelecer o programa de ação da empresa, mas de facilitar a realização desse programa, à medida que se desenrolam os acontecimentos. Cada conferência estende sua ação sobre um curto período – ordinariamente numa semana –, durante o qual se trata de assegurar a harmonia dos atos e a convergência dos esforços.

Eis, aqui, a título de exemplo, a prática seguida, nesse sentido nos diversos estabelecimentos de uma grande empresa mineira e metalúrgica, com excelentes resultados.

Em cada estabelecimento, mina ou usina, todos os chefes de serviço são reunidos uma vez por semana, em data marcada, sob a presidência do diretor.

Cada chefe de serviço expõe, por seu turno, a marcha de seu serviço, as dificuldades encontradas, a assistência necessária e as soluções que propõe. O diretor solicita a opinião de todos sobre as questões que se apresentam ou que ele mesmo submete ao exame geral.

Após a discussão uma decisão é tomada. Fica entendido que nenhuma questão desaparecerá da ordem do dia por simples esquecimento.

A ata de cada sessão é lavrada e lida no início da sessão seguinte. A ata geralmente é feita por um secretário escolhido fora do grupo de chefes.

A reunião deve ser realizada sempre na data marcada mesmo que o diretor não possa assistir a ela. Será, então, substituído por um suplente previamente escolhido.

A *conferência* reúne os chefes de fabricação ou de exploração, de abastecimento, de vendas, de conservação, de construções novas etc.

Graças à reunião desses elementos, o diretor pode dar ao exame de cada questão uma amplitude, precisão e rapidez que não se poderiam obter de outro modo. Em tempo relativamente curto, cerca de uma hora, o diretor fica a par da marcha geral dos negócios; pode tomar decisões que interessem, ao mesmo tempo, a diversos serviços, e definir o auxílio que se devem prestar mutuamente. Cada chefe de serviço se retira sabendo o que tem a fazer, com o pensamento de que dali a oito dias voltará a dar conta do que tiver feito.

Essa coesão não seria obtida sem a conferência, mesmo à custa de muito mais tempo e esforços.

Também o diretor tem geralmente grande cuidado com esse precioso instrumento. Ele prepara a conferência, anotando antecipadamente as questões a serem tratadas, e vela pela redação da ata. Diligencia para que a discussão seja cortês e interessante para todos.

Uma conferência bem-dirigida é sempre útil. Mas é preciso certo talento, sem o que ela pode tornar-se fria, fastidiosa e estéril. De outro modo, em igualdade de condições, o diretor que sabe tirar bom partido das conferências é superior ao que não o sabe.

A experiência demonstrou-me que uma conferência de *coordenação* por semana basta a estabelecimentos mineiros ou metalúrgicos, ocupando centenas ou milhares de agentes.

A observação convenceu-me de que uma conferência semanal convém igualmente à coordenação das empresas de qualquer espécie, tendo pessoal da mesma importância que as precedentes.

Creio que a *conferência hebdomadária dos chefes de serviço* se impõe, do ponto de vista da coordenação, às grandes unidades, aos ministérios e ao próprio Governo.

Far-se-ia delas, para todas as empresas, uma obrigação rigorosa.

Agentes de ligação – Para que a conferência se realize, é preciso que nenhuma impossibilidade de distância ou outra qualquer prejudique a reunião dos chefes de serviço.

Se houver apenas dificuldade de realização, as reuniões poderão ser espaçadas; se houver impossibilidade, será preciso substituir, na medida do possível, a conferência por *agentes de ligação*.

O melhor agente de ligação seria a visita sucessiva do diretor a todos os chefes de serviço; mas as obrigações de seu cargo não lhe permitem geralmente essas visitas.

É necessário, pois, recorrer a outros agentes; segundo as circunstâncias, serão homens de alto valor ou agentes comuns.

Os agentes de ligação geralmente fazem parte do estado-maior, cujas atribuições e funcionamento já estudamos.

Na empresa muito grande, composta de estabelecimentos distintos e mais ou menos distanciados uns dos outros, a *coordenação* é assegurada pela ação combinada da direção-geral, que fiscaliza o conjunto, e das direções locais, que se dedicam ao desenvolvimento de cada uma das partes.

Aí, também, talvez mais ainda que no estabelecimento único, é importante pôr em prática o sistema das conferências.

Para que reine a harmonia entre as diversas partes do organismo material ou social de uma grande empresa, entre seu poder técnico, seu poder comercial e seu poder financeiro, entre suas diversas operações, são imprescindíveis não somente um bom programa e uma boa organização, mas, ainda, uma coordenação que se exerça a todos os instantes. É preciso, incessantemente, pôr em equilíbrio as forças em jogo e evitar que a marcha do conjunto seja perturbada inopinadamente por uma medida aplicada sobre um só ponto.

Nenhum processo é superior à conferência para assegurar a unidade de direção e a convergência dos esforços, para levar a uma colaboração espontânea os diversos chefes de serviço chamados à persecução de um objeto comum. O compartimento estanque desaparece quando todos os chefes de serviço devem esclarecer e entender-se na presença da autoridade superior.

A *conferência dos chefes de serviço* é para a coordenação o que *o programa de ação* é para a previsão e o que os *quadros sinópticos do pessoal* são para o organismo social, isto é, signo característico e um instrumento essencial. Se o signo falta, há grandes probabilidades de que a função seja mal-exercida. A presença do signo não é uma garantia absoluta de bom funcionamento; é preciso ademais que o chefe saiba servir-se bem do instrumento. A arte de lidar com esses diversos instrumentos constitui uma das qualidades do bom administrador.

5º CONTROLE

Numa empresa, o *controle* consiste em verificar se tudo corre de acordo com o programa adotado, as ordens dadas e os princípios admitidos.

Tem por objetivo assinalar as faltas e os erros, a fim de que se possa repará-los e evitar sua repetição.

Aplica-se a tudo: às coisas, às pessoas, aos atos. Sob o ponto de vista *administrativo*, é preciso assegurar-se de que o programa existe, é aplicado e está em dia, e de que o organismo social está completo, os quadros sinópticos do pessoal são usados, o comando é exercido segundo os princípios adotados, as conferências de coordenação se realizam etc.

Do ponto de vista *comercial*, é necessário assegurar-se de que os materiais entrados e saídos são exatamente considerados no que toca à quantidade, à qualidade e ao preço, de que os inventários são bem feitos, os contratos são perfeitamente cumpridos etc.

Do ponto de vista *técnico*, é preciso observar a marcha das operações, seus resultados, suas desigualdades, o estado de conservação, o funcionamento do pessoal e das máquinas etc.

Do ponto de vista *financeiro*, o controle estende-se aos livros e ao caixa, aos recursos e às necessidades, ao emprego dos fundos etc.

Do ponto de vista da *segurança*, é necessário assegurar-se de que os meios adotados para proteger os bens e as pessoas estão em bom estado de funcionamento.

Finalmente, do ponto de vista da *contabilidade*, é preciso verificar se os documentos necessários chegam rapidamente, se eles proporcionam visão clara da situação da empresa, se o controle encontra nos livros, nas estatísticas e nos diagramas bons elementos de verificação e se não existe nenhum documento ou estatística inútil.

Todas essas operações são do domínio da *vigilância*, tanto que podem ser executadas pelo chefe da empresa e por seus colaboradores hierárquicos. Numa empresa metalúrgica, por exemplo, o minério ao entrar na usina é objeto de recepção pelo serviço técnico; os produtos usinados são submetidos ao controle do serviço comercial antes de sua colocação à venda. Cada serviço fiscaliza seus agentes. A autoridade superior, o conjunto.

Mas quando certas operações de controle se tornam muito numerosas, muito complexas ou muito extensas, fora pois da capacidade dos agentes comuns dos diversos serviços, é necessário recorrer a agentes especiais, que tomam o nome de *controladores* ou *inspetores*.

Ocupando-me, aqui, unicamente de administração, não me detenho no controle exercido entre duas empresas diferentes, o que, em se referindo, geralmente, à recepção de mercadorias, é o domínio do serviço comercial; tenho principalmente em vista o controle interior, o que tem por finalidade contribuir para a boa marcha de cada serviço em particular e da empresa em geral.

Para que o controle seja eficaz, deve ele ser realizado em tempo útil e acompanhado de sanções.

É bem evidente que, se as conclusões de um controle, mesmo muito bem-feito, chegarem demasiadamente tarde, perdendo a possibilidade de utilização, terá sido inútil a operação.

É não menos evidente ser inútil o controle se as conclusões práticas dele decorrentes forem voluntariamente negligenciadas.

Essas duas faltas são do tipo que uma administração não deve absolutamente permitir.

Outro perigo a evitar é a ingerência do controle na direção e na execução dos serviços.

Essa usurpação constitui a *dualidade de direção*, em seu aspecto mais lamentável: de um lado, o controle irresponsável, munido, entretanto, do poder de obstrução, às vezes em limites amplos; de outro, o serviço executivo, que não dispõe senão de fracos meios de defesa contra um controle hostil. A tendência do controle para usurpação é bastante freqüente, sobretudo nos grandes negócios, sendo graves as conseqüências decorrentes dessa situação. Para combatê-la, é necessário primeiro definir de maneira tão precisa quanto possível quais as atribuições do controle, fixando claramente os limites que ele não deve transpor; é preciso depois que a autoridade superior tenha uma supervisão do uso que o controle faz de seus poderes.

Conhecendo o objetivo e as condições em que o controle deve ser exercido, podemos deduzir que o *bom controlador* deve ser competente e imparcial.

A competência do controlador não precisa de demonstração. Para julgar a qualidade de um objeto, o valor de um processo de fabricação, a clareza das anotações, os meios de comando empregados, é necessário, evidentemente, em cada caso, que o controlador possua competência adequada.

A *imparcialidade* repousa sobre uma consciência reta e sobre uma completa independência do controlador em relação ao controlado. O controle é suspeito quando o controlador depende, em qualquer grau, do controlado e mesmo quando apenas existem, entre os dois, relações muito estreitas de interesse, de parentesco ou de camaradagem.

Tais são as principais condições que o controlador deve preencher; elas exigem competência, sentimento do dever, independência, julgamento e tato.

Bem-feito, o controle é um precioso auxiliar da direção; pode proporcionar certas informações indispensáveis que a fiscalização hierárquica seria muitas vezes incapaz de fornecer-lhe. O controle pode estender-se sobre tudo; depende da direção e eficácia de seu funcionamento. Um bom controle previne as surpresas desastrosas, que poderiam degenerar em catástrofes.

É conveniente poder sempre responder, a propósito de não importar qual seja a operação, à seguinte pergunta: "Como se faz o controle?"

Aplicando-o às operações de qualquer natureza e aos agentes de todos os níveis, o controle exerce-se de mil maneiras diferentes. Como os outros elementos de *administração* – previsão, organização, comando e coordenação –, ele exige sempre uma contínua atenção e, quase sempre, muita arte.

Terei ocasião de citar alguns exemplos na terceira parte destes estudos.

Na primeira parte deste trabalho procurei demonstrar a necessidade e a possibilidade de estabelecer o ensino de administração.

Na segunda indiquei como tal ensino poderia ser ministrado.

Na terceira, explorei como consegui reunir, durante minha longa carreira de industrial, os materiais que foram utilizados neste trabalho.

Finalmente, na quarta parte, procurei tirar de fatos recentes novas provas da utilidade do ensino de administração.

Apêndice

Discursos pronunciados por Henri Fayol e Haton de la Goupillière na sessão de encerramento do Congresso Internacional de Minas e Metalurgia

Presidente – Senhores, já terminamos as reuniões das seções, quer na parte referente à metalurgia, quer no que concerne às minas. Foram, como vistes, muito concorridas e muito interessantes. Neste momento, o Congresso reúne-se em sessão plenária, como no dia da abertura. Pareceu-nos que conviria submeter ao vosso exame uma questão que nos interessa a todos. Ela emana do Sr. Fayol, a quem temos o prazer de conceder a palavra.

Henri Fayol – Senhores, anteontem, à hora do brinde, tivemos o prazer de ouvir homens que representam, no mais alto grau, a ciência e a experiência profissional, falarem dos notáveis progressos de nossas duas grandes indústrias e da benéfica influência que exerceram sobre esses progressos as relações existentes entre os engenheiros do mundo todo. O Sr. Harzé caracterizou estas relações, ao dizer que elas estabelecem, entre nós, uma espécie de maçonaria técnica.

Sublinho a palavra *técnica* porque, com efeito, as comunicações que o Congresso recebeu são quase exclusivamente técnicas. Nenhum eco de nossas preocupações comerciais, financeiras e administrativas se fez aqui ouvir. E o Congresso contava, entretanto, com homens particularmente competentes nessas matérias. É pena, por exemplo, que ninguém tivesse falado dessas associações comerciais, sob os diferentes nomes de alianças, sindicatos, escritórios, trustes, que adquiriram, há anos, no mundo industrial, tão grande importância.

Mas irei diretamente às questoes *administrativas*, para as quais desejo atrair a atenção, porque o ensino mútuo que tão utilmente estamos praticando no domínio técnico me parece indicado a prestar não menores serviços no domínio administrativo.

O serviço técnico e o serviço comercial estão bem definidos; não sucede o mesmo com o serviço administrativo; sua constituição e suas atribuições não são bem conhecidas; suas operações não afetam nossos sentidos; não se vê nem construir, nem forjar, nem vender, nem comprar . . . mas todos sabem que, se o serviço administrativo não funciona bem, a empresa periclita.

Suas funções são múltiplas:

É ele que prevê e prepara as condições financeiras, comerciais, técnicas etc. em meio às quais a empresa deve nascer e viver.

Preside à organização, ao recrutamento e ao funcionamento do pessoal.

É o instrumento de relação de todas as partes da empresa entre si e da empresa com o mundo exterior . . .

Essa enumeração, ainda que incompleta, dá uma idéia da importância do serviço administrativo. Somente os encargos do serviço do pessoal bastariam para dar-lhe a supremacia na maior parte dos casos. Quem não sabe, com efeito, que uma empresa, mesmo que disponha das máquinas e dos processos de fabricação mais perfeitos, está condenada ao insucesso se cai nas mãos de um mau pessoal?

Para dar uma idéia de seu modo de ação, farei uso de uma comparação com a fisiologia.

Como o serviço administrativo de uma sociedade industrial, o sistema nervoso do homem não é visível ao observador comum; seus atos não são medidos e os músculos, entretanto, mesmo possuindo energia própria, cessam de contrair-se se o sistema nervoso deixa de agir. Sem sua ação, torna-se o corpo humano uma massa inerte; todos os órgãos deperecem. Em todos os órgãos e em todas as partes de cada órgão o sistema nervoso está presente e ativo. Por meio de células e de fibras ele recolhe sensações e as transmite primeiro aos centros nervosos inferiores, centros reflexos, depois, de lá, se necessário, ao cérebro. Desses centros ou do cérebro parte, em seguida, a ordem que, por caminho inverso, chega ao músculo que deve executar o movimento.

A sociedade industrial tem seus atos reflexos ou ganglionares, que se operam sem a intervenção imediata da autoridade superior. Em geral, entretanto, os dados, a informação que vem de um agente em contato com o mundo exterior ou com outro agente da empresa vai até à direção, que examina, decide e dá uma ordem, a qual, por um caminho inverso, chega aos agentes de execução. Tal é o funcionamento do serviço administrativo: todos os agentes dele participam em maior ou menor grau.

De cem horas consagradas a uma grande empresa industrial, o operário dedica somente algumas horas às questões administrativas: informações diversas transmitidas ao contramestre; discussões sobre os salários, a duração e a organização do trabalho; tempo reservado às reuniões das caixas de assistência, dos sindicatos etc.

O contramestre que recebe e transmite as observações dos operários, que recebe ordens, transmite-as e assegura sua execução, que faz observações e dá pareceres, o contramestre, dizia eu, consagra mais tempo ao serviço administrativo.

Essa parte do tempo reservado ao serviço administrativo aumenta com a posição ocupada pelo agente na hierarquia industrial; as questões de ordem, de previsão, de disciplina, de organização, de recrutamento, de educação dos operários e contramestres são já preocupações importantes para o engenheiro comum.

A essas preocupações se juntam para o diretor as questões comerciais e financeiras, as relações com o Estado etc.; deduz-se, assim, que o tempo dispensado às questões técnicas se vai reduzindo mais e mais e que ele se torna quase insignificante para o chefe de uma grande empresa.

Não me referirei aos agentes do serviço comercial, nem aos do serviço financeiro ou de qualquer outro serviço; fora de sua especialidade, esses diversos agentes desempenham, no serviço administrativo, papel análogo ao dos agentes do serviço técnico.

Todos os agentes de uma empresa participam, pois, mais ou menos, da administração; todos, conseqüentemente, têm ocasião de exercer suas faculdades administrativas e de fazê-las aparecer. É assim que se vêem, às vezes, agentes, de instrução rudimentar mas particularmente bem dotados, subirem dos postos mais ínfimos aos mais altos graus da hierarquia industrial ou sindical.

Mas os jovens que, ao sair das escolas industriais, exercem cedo as funções de engenheiro, são particularmente favorecidos, seja para formar sua educação administrativa, seja para demonstrar suas aptidões, pois, em administração como em todos os outros ramos da atividade industrial, é sobretudo pelos serviços prestados que o mérito aparece.

Os agentes que se ocupam mais ou menos de administração nas minas e nas usinas, como, aliás, em todas as empresas, constituem pois uma legião; é para eles e particularmente para os engenheiros que solicito relações administrativas análogas às tocadas às questões técnicas.

A boa utilização dos dons físicos, morais e intelectuais dos homens não é menos importante para a felicidade humana que a boa utilização de nossas riquezas minerais. Buscando dominar a matéria, na expressão de nosso eminente presidente, devemos tudo fazer para nos dominarmos a nós mesmos, para descobrir e aplicar as leis que tornarao tao perfeitos quanto possível a organização e o funcionamento das máquinas administrativas.

Por que não conjugar, para o bem comum, nossas observações, nossas experiências, nosso estudos? Há comissões internacionais que funcionam utilmente em busca dos *métodos de ensino dos materiais de construção*; a pesquisa de melhores métodos de preparação e de ensaio dos agentes da indústria merecerá menos solicitude?

Para apresentar informações úteis não é necessário abarcar magistralmente todo o conjunto de um grande empreendimento; na ordem administrativa, como na técnica, esses trabalhos não estão ao alcance senão de um número muito pequeno de pessoas; mas as menores observações nem sempre são as menos interessantes. E quantas coisas teríamos a dizer sobre os meios empregados para ter bons operários, bons contramestres, bons engenheiros, bons agentes superiores? Quantas sobre as disposições adotadas para o aparelho administrativo e sobre as diversas maneiras de fazê-lo funcionar? É esse programa que eu desejaria apresentar à "maçonaria" do Sr. Harzé, pedindo-lhe para juntar o domínio administrativo ao domínio técnico. Obrigo-me a trazer minha contribuição.

Enquanto espero, porém, permiti-me chamar vossa atenção para um problema de recrutamento que interessa bastante a nossas duas grandes indústrias; estão todos de acordo sobre a necessidade de aliar a teoria à prática na educação dos engenheiros, mas é na questão do *quantum* que diferimos. Uns pensam tenazmente em sobrecarregar os programas de admissão e os cursos seguidos nas grandes escolas industriais; outros pensam que já se ultrapassou o limite do ensino teórico e que se faz a elite de nossa juventude perder inutilmente um ou dois anos que seriam mais bem empregados na vida ativa. Estou com os últimos.

Não se trata, por certo, de tornar menos intensos o zelo e o ardor dos estudos científicos; longe disso. Penso, ao contrário, que o Estado não trata muito liberalmente os cientistas e creio que a indústria se honraria e se fortificaria fornecendo os subsídios necessários à perfeição dos laboratórios e ao afastamento dos sábios dos cuidados da vida material. Desejo que esse movimento se opere bem cedo em nosso país.

Longe de nós queremos que cada um de nossos engenheiros seja um sábio, mas à medida que aumentam sem cessar os programas, parece realmente que tal é o objetivo visado. Isso não se conseguirá e, além de tudo, seria inútil. Quereis saber qual o uso que se faz, por exemplo, da matemática superior em nossas duas grandes indústrias? Pois não: não é aplicada. Quando constatei isso, por mim mesmo, após uma carreira já longa, eu me perguntei se não constituía uma exceção; fiz minhas constatações e verifiquei que essa é uma regra geral: os engenheiros não se servem da matemática superior no exercício de suas funções, e os diretores, muito menos.

É necessário estudar matemática, estamos de acordo; mas em que medida? Tal é a questão que se apresenta e que somente os professores, até o presente, resolvem a seu modo. Ora, em tal matéria, os professores parecem-me particularmente temíveis e tanto mais quanto mais sábios e mais zelosos são. Eles desejariam transmitir toda sua ciência e acham que os alunos deixam sempre muito cedo os bancos escolares. Essa a razão de muitos esforços inúteis e muito tempo perdido. E a indústria, que tem precisão de jovens sadios, ágeis, sem pretensão e, diria mesmo, cheios de ilusões, recebe amiúde engenheiros fatigados, anêmicos de corpo e de espírito, menos dispostos do que seria de desejar para as tarefas modestas e esses magníficos esforços que tornam tudo fácil.

Estou convencido de que se poderia entregá-los mais cedo à vida ativa e igualmente preparados, suprimindo do ensino atual as coisas inúteis.

A administração, que comporta a aplicação de inúmeros conhecimentos e de muitas qualidades pessoais, é sobretudo a arte de lidar com os homens; e nessa arte, como em muitas outras, é forjando que se faz o forjador. É essa uma das razões por que é preciso devolver o mais cedo possível à vida ativa os futuros engenheiros; uma estada demasiadamente longa sobre os bancos da escola tem muitos inconvenientes.

Nessa questão de medida, sou de parecer que a indústria deve ter voz preponderante. É ela que utiliza os produtos das escolas; como qualquer consumidor, ela tem o direito de dizer o que deseja, o que lhe será fácil na França, por intermédio dos dois órgãos que a representam: o Comitê das Ferrarias e o Comitê das Minas.

Permiti-me, senhores, ao terminar, recordar o objetivo destas considerações: sugerir que os engenheiros, de futuro, estendam ao serviço administrativo o ensino mútuo que praticaram com tanto sucesso no serviço técnico.

Presidente – Senhores, vossos aplausos indicam bem ao Sr. Fayol a justeza de suas opiniões. Aliás, há 30 anos que o vejo acertar sempre. Entretanto, permitir-me-á, espero, algumas observações, pois é preciso que a matemática encontre aqui alguma defesa.

Senhores, comecei minha carreira pela matemática pura. Durante 20 anos, ensinei na Escola de Minas ou na Sorbonne Cálculo Diferencial e Integral, assim como Mecânica. No que concerne à Escola de Minas, convencera-me das idéias que vos expôs o Sr. Fayol; fazia um curso bem limitado de Cálculo Diferencial e Integral, que reduzira a dez lições, em que condensara cuidadosamente tudo o que me parecia necessário para pôr os alunos em condições de estudar os outros programas do ensino. Mais tarde, passei para o curso de exploração de minas e de máquinas. O curso de análise foi então confiado a um eminentíssimo (os professores da Escola de Minas bem sabem a quem me refiro), um matemático de primeira ordem que acreditou dever dar a esse curso um desenvolvimento muito maior. Desde então, respeitou-se essa ampliação adotada por seu sucessor; mas eu creio que o que diz o Sr. Fayol é justo e que conviria reduzir-se a matemática pura às aplicações reais que a mocidade terá de fazer. Todavia, vai aqui uma reserva à minha aprovação. Não é necessário somente, com efeito, que o engenheiro se encontre em condições de executar os cálculos futuros que, segundo o Sr. Fayol, estariam reduzidos a quase nada; é preciso, antes de mais nada, que o aluno possa cursar a Escola e nela o ensino ministrado com uma precisão matemática, todas as vezes que possível.

Mas, sobretudo, penso, senhores, que a matemática é um todo-poderoso instrumento de formação para o espírito. Uma vez que o espírito do engenheiro esteja formado, ponde, se quiserdes, a matemática de lado. Vosso aluno não ficará menos suscetível de se tornar um grande engenheiro ou um hábil administrador. O mesmo homem, se o houvésseis feito passar por fraca educação matemática, não atingiria jamais o mesmo nível.

Tal é a única observação que eu desejaria fazer às excelentes palavras de meu muito eminente e caríssimo contraditor. De outra parte, lembrarei ao Sr. Fayol que ele se encontra em excelente posição para dar às suas idéias toda a influência possível, pois faz parte de um conselho de primeira grandeza, o da Escola de Minas de Saint-Etienne. Esse conselho compreende, além dos professores, número notável de grandes industriais; não se poderia, certamente, encontrar ninguém mais bem indicado do que ele, como industrial e como espírito de largas vistas.

Senhores, a aprovação do Sr. Fayol reporta-se aos congressos do futuro e, sem abandonar esse terreno, podemos passar agora às proposições do meu distinto vizinho, o Professor Kotsowsky. Ele nos fez, na primeira reunião da Seção de Minas, que tive a honra de presidir, uma comunicação muito aplaudida, em que só se notou um defeito: o de ter sido muito curta. Aí sobressai uma proposta que retive. O Sr. Kotsowsky fez-nos observar que todos os estados mineiros trabalham nas questões do *grisu* com muito ardor, mas que se estabeleceram certos hábitos, certas correntes que, generalizando-se em um país, não coincidem com os de outro. A luta contra o *grisu* poderia, sem dúvida, beneficiar-se no conjunto, com a adoção de pontos comuns entre os métodos. Com esse objetivo em vista, o honrado professor consideraria como muito útil a convocação periódica de congressos de *grisu*; os engenheiros poderiam assim reunir-se de tempos em tempos – creio que fixaria três anos – para examinar o que tivesse sido feito no intervalo e essa troca de idéias seria muito favorável ao estudo do problema.

Se o Sr. Kotsowsky quiser repetir sua proposta, exporá a idéia como eu não o saberia fazer.

Formato	17 x 24 cm
Papel	Offset Sun Paper 90 g/m² (miolo)
	Supremo 250 g/m² (capa)
Número de páginas	144
Impressão	Yangraf

Sim. Quero fazer parte do banco de dados seletivo da Editora Atlas para receber informações sobre lançamentos na(s) área(s) de meu interesse.

Nome: _____
_____ CPF: _____ Sexo: ○ Masc. ○ Fem.
Data de Nascimento: _____ Est. Civil: ○ Solteiro ○ Casado

End. Residencial: _____
Cidade: _____ CEP: _____
Tel. Res.: _____ Fax: _____ E-mail: _____

End. Comercial: _____
Cidade: _____ CEP: _____
Tel. Com.: _____ Fax: _____ E-mail: _____

De que forma tomou conhecimento deste livro?
☐ Jornal   ☐ Revista   ☐ Internet   ☐ Rádio   ☐ TV   ☐ Mala Direta
☐ Indicação de Professores   ☐ Outros: _____

Remeter correspondência para o endereço: ○ Residencial   ○ Comercial

Indique sua(s) área(s) de interesse:

- ○ Administração Geral / Management
- ○ Produção / Logística / Materiais
- ○ Recursos Humanos
- ○ Estratégia Empresarial
- ○ Marketing / Vendas / Propaganda
- ○ Qualidade
- ○ Teoria das Organizações
- ○ Turismo
- ○ Contabilidade
- ○ Finanças
- ○ Economia
- ○ Comércio Exterior
- ○ Matemática / Estatística / P. O.
- ○ Informática / T. I.
- ○ Educação
- ○ Línguas / Literatura
- ○ Sociologia / Psicologia / Antropologia
- ○ Comunicação Empresarial
- ○ Direito
- ○ Segurança do Trabalho

Comentários

_____
_____
_____

ISR-40-2373/83

U.P.A.C Bom Retiro

DR / São Paulo

CARTA - RESPOSTA
Não é necessário selar

O selo será pago por:

01216-999 - São Paulo - SP

REMETENTE:
ENDEREÇO: